전래 동화 속의 철학 5

지붕에 올라가는 송아지

이종란 지음

철학과현실사

머리말

이젠 완연한 봄이다.

계절은 어김없이 찾아온다. 인생사의 봄날도 이러면 좋으련만 그게 희망대로 안 된다. 육체의 봄날이야 한 번 가면 그만이지만, 인생사의 그것은 사회 집단의 역량에 따라 계속 만들 수 있지 않은가? 그러나 어찌 하랴. 이 화사한 봄날 대한민국엔 아직 찬바람만 분다.

그 찬바람은 다름 아닌 우리 내부의 갈등과 관련된다. 정치 세력 간, 가진 자와 못 가진 자, 지역 간, 도시와 농촌, 남성과 여성, 그리고 진보와 보수의 갈등이 그 예다. 그리하여 타협과 설득보다는 목소리 큰 사람이, 힘을 가진 자들이, 많이 떠드는 사람이 대세를 몰아가고 다수는 침묵하면서 이끌려간다.

민주화 이후 모든 것이 잘 될 것이라고 낙관적으로 기대한 게으름이 이런 찬바람을 몰고 온 것이다. 그것은 우리가 민주화 투쟁의 승리라는 작은 성취에 도취되어 대화·타협·소통의 문제를 소홀히 했기 때문이다. 그러면서 우리 자신을 냉정하면서도 세밀하게 또 철저하게 되돌아보지 않은 탓이기도 하다. 그런 연유로 문명이 뒷걸음치듯 우리 사회의 풍토에는 언제부터인가 배려와 관용의 정신이 없다. 참을성도 없다. 품격과 인간다움도 상실했다. 도무지 겸손과 양보의 미덕이 없다. 뻔뻔스럽고 잘난 사람이 늘어나고, 수치를 모르는 사람도 많다. 막무가내 억지 정신이 판친다.

　　이런 갈등과 현상은 크게는 국가나 사회적인 것부터 시작해서 작게는 자신의 내부에서, 가족 관계에서, 소속된 직장이나 단체에서 빚어지기도 한다. 인간 사회가 존속하는 한 갈등과 문제가 없을 수는 없으나, 문제는 해결되고 갈등은 해소되어야 한다. 만약 그렇지 못하다면 그로 인해 파생되는 개인이나 사회적 비용의 증가가 미래의 더 나은 삶을 향한 우리의 발목을 잡는다.

　　그러나 문제 해결의 열쇠는 평범하면서도 소박하다. 모든 게 마음먹기에 달려 있다. 타인에 대한 양보와 배려, 인정(認定), 신뢰, 염치, 서로간의 화합 등이 그것이리라. 기실 새로운 제도를 완비하는 것도 그 출발은 이 같은 마음먹기가 아닌가?

　　허나 이런 마음먹기가 쉬운 일은 아닐 것이다. 사회적 강자의 입장에서는 더욱 그렇다. 이 책에서 소개되는 다섯 편의 전래동화는, 사회적 강자가 바르게 마음먹는 것이 얼마나 중요한지, 그리고 그렇게 함으로써 사회적 지위를 어떻게 영속적으로 보장받을 수 있는지, 직설적으로 또는 역설적으로 때로는 넌지시 보여준다.

　서양 동화에 비해 전래 동화에 대한 해설이나 탐구가 전무한 척박한 상황에서 책을 처음 내놓은 이래 이제 다섯 번째 책을 선보인다. 그 사이 우리 전래 동화에 대한 해설이 다른 연구자들에 의하여 한두 권의 성과물로 출간되기도 하였다. 그들의 연구 방법은 대개 프로이트나 융의 심리학인 서구적 이론에 근거를 두고 서술한 것들이다. 보편적으로 적용되는 심리학적 방법이 상당히 근거 있는 것이라고 인정하더라도, 우리 전래 동화가 갖고 있는 고유한 가치와 의미를 왜곡시키지 않고 제대로 풀이했는지 의문이다.

　필자의 이 작업의 본래 의도는, 동화가 갖고 있는 원형적 요소를 탐색하는 것보다 그것에 덧칠하고 변형시킨 민중들의 생각이나 의도를 찾는 것이었다. 또한 그것을 위해서는 역사적인 방법을 취할 수밖에 없었다. 역사적인 방법이란 거칠게 말해서 이야기가 역사적인 사건이나 배경과 일정하게 연관되어 있음에 주목하면서 해설하는 방식이다. 아직은 초보 단계다. 그렇다고 심리학적 이론을 전혀 배제한 것은 아니다. 융의 집단 무의식 이론이 동화를 바라보는 데 상당히 도움이 되었음을 밝혀둔다.

　이야기 해설의 전개 방식은 이전의 그것처럼 텍스트의 이해를 위한 배경과 키워드 해설, 주장이나 논리 및 주제를 탐색하고, 이어서 관련된 철학을 소개하였으며, 끝으로 현대적 의미와 적용을 다루었다.

　텍스트에 대한 이해와 연구 방법은 당연히 사람마다 다를

수 있다. 이 작업은 전적으로 필자의 역량과 능력의 범위 안에서
이루어진 것이므로 많은 비판과 충고가 있을 것으로 안다. 그것
이 타당하다면 모두 수용하겠다.

　　이 시리즈 4권을 펴낸 지 어느새 1년이 훨씬 넘었다. 필자의
게으름을 인내로서 기다려준 독자 여러분들께 먼저 감사드리고,
출판사 관계자분들께도 고마움의 뜻을 전한다.

　　　　　　　　　　　　2007년 4월 어느 봄날
　　　　　　　　　　　　이 종 란 씀

차 례

배운 사위와 못 배운 며느리

—여자가 잘 배우면 꼴불견이다

배운 사위와 못 배운 며느리

옛날에 천석꾼 부자가 살았어. 이 사람에게는 외동딸이 있었는데, 금이야 옥이야 하며 아주 정성들여 길렀지. 좋은 옷 입히고 맛난 음식 먹이고, 불면 날아갈세라 쥐면 꺼질세라 고이고이 길렀단 말이야. 그뿐이 아니야. 훌륭한 사람 만든다고 갓난아기 때부터 이것저것 가르쳤어. 글도 가르치고 그림도 가르치고 예의범절도 가르쳤지. 글 읽는 법은 말할 것도 없고, 시 짓는 법, 그림 그리는 법, 글씨 쓰는 법에다가 노래하는 법, 말 잘하는 법, 걸음 걷는 법까지 가르쳤거든. 이렇게 잘 가르쳐서 나이가 차니까 아주 훌륭한 색싯감이 되었단 말이야.

"흠, 이 만하면 가르칠 것은 모두 가르쳤겠다. 이제 좋은 가문에 시집보낼 일만 남았군."

천석꾼 부자는 아주 흐뭇해서 여기저기 시집보낼 곳을 알아보았어. 마침 이웃 동네 만석꾼 집에 좋은 신랑감이 있어서 그리

로 시집보내기로 했지. 시집보내는 날 사돈 영감에게,

"저희 집 딸애는 어릴 적부터 배울 만한 것은 다 배웠답니다. 아마 사돈댁에 허물이 되는 일은 없을 게요."

하고 은근히 딸 자랑도 했단다.

만석꾼 집에서는 새로 들어온 며느리가 배울 것은 다 배웠다니까 무엇을 어마나 배웠는지 알아보기로 했어. 시아버지가 며느리를 불러서 이것저것 물어보았지.

"얘, 아가야. 듣자니 너는 배운 것이 많다는데, 그래 뭘 배웠느냐?"

며느리는 자기가 배운 것을 글 외듯이 줄줄 외는구나.

"글은 천 자를 읽어도 막힘이 없고 글씨는 열두 가지 모양을 익혔습니다. 운을 떼면 바로 시가 술술 나오고 책 서른 권을 한자리에서 다 욀 수 있습니다."

"그래. 그리고?"

"붓으로는 못 그리는 그림이 없고 하루에 열 폭 병풍 수를 놓습니다. 삼백 가지 노래를 부를 줄 알고 스무 가지 악기를 탈 줄 압니다."

"또?"

"여자로서 지켜야 할 예의범절을 다 익혔습니다. 말씨와 앉음새, 절하고 걸음 걷는 법도 배웠습니다."

"또?"

"…."

며느리가 자기가 배운 것을 그만큼 일러주었는데 시아버지가 또 물으니 그만 말문이 막히지. 더 배운 것은 없으니 말이야.

"또 없느냐?"

"예, 그것뿐입니다."

시아버지는 뭐가 못마땅한지 고개를 절레절레 흔들어. 그러더니 이번에는 자기가 글 외듯이 줄줄 외네.

"곡식을 익혀 밥을 짓고 갖가지 나물로 반찬을 만들어 상 차리는 법은 배웠느냐?"

"못 배웠습니다."

"물레로 명을 잣고 베틀로 베를 짜서 중의 적삼, 치마저고리에 도포 두루마기 짓는 법은 배웠느냐?"

"그것도 못 배웠습니다."

"밭을 갈아 씨를 뿌리고 호미로 김을 매어 거름 주고 거두어서 도리깨로 마당질할 줄은 아느냐?"

"그런 것도 배우지 못했습니다."

시아버지가 혀를 끌끌 차더니 호령이 서릿발 같구나.

"네가 많이 배웠다더니 쓸모없는 것만 배웠구나. 일 중에서 농사지어 거두고 음식 장만하고 실을 자아 옷 짓는 일보다 더 중한 일은 없느니라. 너는 다시 친정에 돌아가 마땅히 배워야 할 것부터 배워가지고 오너라."

이러고 친정에 돌려보냈대. 며느리가 할 수 없이 친정으로 돌아와 이러이러한 까닭으로 다시 돌아왔다고 했지. 사돈이 되는 천석꾼 집에서 생각해보니 괘씸하단 말이야. 만석꾼으로 사는 부잣집에서 며느리더러 온갖 험한 일을 다 배워가지고 오라니, 그런 심한 경우가 어디 있느냐 말이야.

"내가 우리 딸을 얼마나 애지중지 잘 키워놓았는데, 제가 그런 소릴 해. 그러면 제 자식은 얼마나 잘 가르쳤는지 어디 보자."

이러고 자기 사위를 불렀어. 그러니까 만석꾼 집 아들을 부른 거지. 불러놓고,

"자네 아버지는 우리 딸더러 일이란 일은 다 배워가지고 오라고 돌려보냈는데, 그래 자네는 일을 얼마나 배웠는가?"

하고 따지니까,

"예, 잘할 줄은 몰라도 굶어죽지 않을 만큼은 배웠습니다."

하거든. 설마 하니 만석꾼 부잣집에서 아들에게 험한 일을 가르쳤겠느냐 싶어서 이것저것 일을 시켜보았어.

"자네, 나무 할 줄 아는가?"

"예, 할 줄 압니다."

"그럼 산에 가서 나무 한 짐 후딱 해오게나."

그러니까 사위는 지게를 덜렁 지고 나가더니 반나절도 안 돼서 나무를 산더미만큼 해가지고 왔어. 몸에 익은 솜씨가 아니면 그렇게 못하지.

"그러면 밭갈이할 줄은 아는가?"

"예, 압니다."

"저기 소가 있으니 끌고 가서 밭을 갈고 오게."

사위는 황소에다 쟁기를 지어가지고 밭에 나가더니

"이랴, 이랴!" 소를 몰아 번개같이 밭을 갈더래. 밭을 다 갈고 는 오줌장군을 날라다 밑거름까지 듬뿍 주고 오더란 말이야.

"농사짓는 일은 그렇다 치고 신 삼을 줄은 아는가?"

"예, 그것도 할 줄 압니다."

"한 번 해보게."

사위는 삼 껍질을 벗겨다가 야무지게 꼬아서 미투리 한 켤레를 본때 있게 삼아놓거든. 장인이 탄복을 하지.

"자네는 만석꾼 집에 살면서 어찌 그리 일을 잘하는가?"

"어릴 때부터 아버지를 따라다니며 배운 것뿐입니다."

천석꾼 집에서는 그때부터 딸에게 온갖 일을 가르쳤어. 밥 짓고 옷 짓고 빨래하고 농사짓는 법을 다 가르쳐서 다시 시집으로 보냈단다. 만석꾼 시아버지는 그제야 좋아하며 며느리를 잘 대접하더라는 이야기야.

(『호랑이 잡는 기왓장』, 서정오 글 · 이우경 그림, 보리, 1991에서)

박물관에 가자

옛날에는 흔해빠졌거나 사소한 물건이었는데 이제는 박물관에 가지 않으면 볼 수 없는 것들이 참 많습니다. 이 이야기에 등장하는 각종 물건만 해도 그렇습니다. 물레, 명, 베틀, 중의와 적삼, 도포와 두루마기, 도리깨, 지게, 쟁기, 오줌(똥)장군, 미투리 등은 필자도 어린 시절에 흔히 볼 수 있었던 물건입니다.

그런데 세상이 얼마나 빨리 변했던지, 이제는 박물관이 아니면 이 물건들을 보기 힘들게 되었습니다. 보기 힘들게 되었다는 것은 그 물건들을 보거나 들어도 무엇에 쓰는 것인지 나중 사람들이 점차 알 수 없게 된다 이 말입니다.

그렇게 되면 단순한 전래 동화조차도 아이 혼자서 온전히 이해할 수 없게 됩니다. 어디 전래 동화뿐이겠습니까? 각종 민요의 가사나 문학 작품, 그림 등을 어찌 이해하겠습니까?

그러니 박물관에 가서 그런 물건들을 관람하는 것은 교육적으로 매우 중요합니다. 아무 준비 없이 그냥 가지 말고, 사전(事前)에 공부하는 가운데 등장하는 물건이 있으면 메모를 하고, 인터넷이나 사전에서 그것을 찾아 조사를 하고, 그런 다음 박물관에 가서 실물을 보기 바랍니다.

게다가 이 이야기가 펼쳐지는 공간을 자유롭게 상상하려면 그런 환경에서 살아보는 것이 최선이겠지만, 불행하게도 눈을 씻고 봐도 이젠 그런 곳은 없습니다. 대다수의 사람들이 도시화된 공간에서 살기 때문에 그것이 어렵게 되었습니다. 그나마 그 흔적을 찾아볼 수 있는 곳이 민속촌입니다. 그래서 민속촌을 찾는 것이 어른들에게는 추억을 되살아나게 하지만, 아이들에게는 전통을 배우는 기회가 됩니다.

골동품

불과 몇 십 년 전만 해도 중요하게 대접받던 물건들이 이제는 골동품 취급받는 세상이 되었습니다. 그런 것들을 보려면 박물관이나 골동품 가게, 그것도 아니라면 고풍스런 분위기를 내는 음식의 장식품을 찾아야 하겠지요.

골동품 중에는 사용할 필요가 없기 때문에 스스로 버린 것도 있지만, 골동품 수집꾼들이 전국을 돌아다니면서 모으거나 훔쳐온 물건들도 많습니다. 필자의 고향에도 어릴 때까지 남아 있던 돌장승, 한옥의 문짝이랑 맷돌, 다듬이돌 등이 어느새 어디론가 사라져버렸습니다.

이런 것들을 그냥 골동품이라고 여기면 안 됩니다. 보관하면 후에 값나가는 물건이 되기 때문에 소중히 생각하는 것도 더욱 잘못된 것입니다. 그것은 값으로 매길 수 없는 그 무엇을 가지고 있습니다. 바로 조상들, 더 넓게는 인류의 생활 모습, 가치관, 철학 등의 역사가 들어 있기 때문입니다.

가령 앞에 나오는 '장군'을 예로 들어봅시다. 장군이란 원통형 모양의 몸통에 주둥이가 옆면 중앙에 볼록 나와 있는 그릇입니다. 재질은 나무와 도자기로 된 두 종류가 있는데, 도자기로 된 것은 소형으로 주로 간장이나 기름 같은 액체를 넣어 사용하는 병의 역할을 했고, 큰 것은 나무 판자에 테를 둘러 붙여 만든 것으로 물이나 소변, 대변을 퍼나르는 그릇입니다.

앞의 이야기에 나오는 것은 후자를 말하는 것으로, 흔히 시골 사람들이 '똥장군'이라 부르는 그것입니다. 화장실(측간, 뒷간, 통시가 그 옛말임. 변소라는 말은 지금도 일본 사람들이 사용하고 있음)에 있는 똥을 퍼서 운반하려면 반드시 이 장군을 써야 합니다. 다른 그릇에 담아 운반하게 되면 출렁거려 똥물이 튀게 됩니다. 이것을 지게에 올려놓고 운반하면 흔들리지도 않고 안정감이 있어 절대로 똥물이 튀지 않습니다.

그런데 화장실의 똥이나 오줌은 시간이 되면 썩게 됩니다. 여기에 물을 타 묽게 만들어 논밭에 뿌리면 곡식이 잘 자랍니다. 너무 진하거나 독하면 곡식이 말라 죽게 되니까요. 그렇게 되면 '일석삼조'가 됩니다. 곡식에 거름이 되어서 좋고, 환경 오염이 되지 않아서 좋고, 집안에 오물이 쌓이는 것도 해결합니다. 그야말로 자연 친화적인 해결 방법입니다. 그 재질도 나무로 만들었기 때문에 못 쓰게 되면 땔감으로 사용하면 그만입니다. 결국 똥장군은 자연과 인간이 하나가 되어 순환하는 시스템의 도구가 되는 셈이지요.

이렇듯 골동품 하나에도 깊은 의미와 철학이 있다는 것을 안다면, 우리가 어찌 소홀히 할 수 있겠습니까? 그래서 박물관이나 전시관에 가서 그냥 훑어볼 것이 아니라 그 의미를 되새기는 것이 왜 중요한지 이제 알겠지요?

천석꾼과 만석꾼

천석꾼은 쌀 천 석을 생산할 수 있는 땅을 가진 부자를 말하고 만석꾼은 만 석을 낼 수 있는 부자를 말합니다. 둘 다 큰 부자라 할 수 있지요. '천석꾼' 할 때 석(石)이란 '섬'을 한자로 나타낸 말로, 보통 곡식이나 가루, 액체를 재는 들이 단위로 한 섬은 열 말로 약 180리터에 해당됩니다. 그럼 또 '말'은 무엇인가요? 열 '되'가 한 말인데, 한 되는 1.8리터이므로 한 말은 18리터입니다. 또 되보다 작은 '홉'이 있는데, 한 홉은 0.18리터가 되겠지요. 물론 이런 단위도 불과 몇 십 년 전만 해도 일상적으로 쓰였던 단위이고, 지금도 시골 장터 같은 데서나 사용하고 있을 것입니다.

그러니까 천석꾼에게는 한 해 생산량이 180리터 × 1000 = 18만 리터 = 180킬로리터가 됩니다. 만약 이 쌀을 섭씨 4℃의 물이라 가정하고 환산한다면, 천석꾼이 생산한 쌀의 무게는 180톤이 되고, 만석꾼은 1800톤이 됩니다. 대단한 양입니다.

조선시대를 기준으로 말한다면 천석꾼도 큰 부자이지만 만석꾼은 어마어마한 부자입니다. 아마도 오늘날 식으로 바꾸어 말한다면 천석꾼은 잘나가는 중소기업, 만석꾼은 대기업의 소유주 정도로 보아도 무방할 것입니다.

그런데 우리 속담에 '천석꾼에게는 천 가지 근심이 있고 만석꾼에게는 만 가지 근심이 있다'는 말이 있는데, 그만큼 많은 토지나 재산을 관리하려면 잡다하고 신경 쓸 일이 많다는 뜻입니다. 아마도 이 말은 그것을 부러워하는 사람들이 스스로 위안하기 위해서 만든 말일 것입니다.

여자의 일

이 동화에서는 천석꾼의 딸이 글을 읽고 시를 짓고 글씨를 쓰고 노래하는 것 등을 배워서 시집을 갔지만, 시아버지는 그런 것들이 일이 아니라고 해서 친정에 다시 가서 일을 배워오라고 했습니다. 친정으로 다시 가는 것은 당사자에게는 시집에서 쫓겨나 다시 돌아가기를 기약 없이 기다리는 고통이고, 그 집안으로서는 엄청난 치욕입니다. 당시로서는 엄청난 사건입니다.

시아버지가 말하는 여자의 일이란 곡식을 익혀 밥을 짓고, 갖가지 나물로 반찬을 만들고, 상을 차리며 물레로 명을 잣고, 베틀로 베를 짜며 옷을 만드는 것과, 밭에 씨 뿌리며 호미로 김을 매고, 거름을 주며 거두어 도리깨로 마당질하는 것입니다. 이것을 한마디로 말하면 농사지어 거두어 음식 장만하고 실을 자아 옷 짓는 일입니다. 더 간단히 말하면 음식과 옷을 마련하는 일입니다. 물론 지방에 따라서는 밭을 갈거나 씨 뿌리고 도리깨질하는 것은 남자가 하기도 합니다.

그런데 실제로는 여기에 등장하는 것 외에 여자들이 하는 일을 더 소개하면 방아 찧기, 아이 낳고 키우기, 빨래하기, 뽕잎 따서 누에치기, 시부모 모시기 등 이루 다 헤아릴 수 없습니다.

여자가 하는 일이 이렇게 많지만 일 하나하나를 따져보아도 결코 작은 일이 아닙니다. 가령 옷을 만드는 것 하나만 살펴봅시다.

먼저 밭에 면, 곧 목화를 심습니다. 물론 모시와 삼을 심는 것도 이와 유사합니다만, 거름을 주고 싹이 터서 자라면 김을 매고 잘 가꾸어야 합니다. 가을이 되어 목화송이에 하얀 솜꽃이 피면 그것을 땁니다. 그런 다음 씨아에 넣어 씨앗과 솜을 분리시키고, 솜을 일정한 길이로 뭉친 다음 물레를 자아 긴 실을 만듭니다. 그 실이 끊어지지 않도록 풀을 먹이고 씨줄과 날줄을 만들어 베틀에 올려 옷감을 짭니다. 그러면 모든 것이 다 되었을까요? 아닙니다. 더 들어보세요. 옷감이 만들어지면 필요에 따라 물을 들이기도 하고, 그냥 그 옷감으로 옷을 만들어 입기도 합니다. 그런데 아무나 아무렇게 옷을 만드는 것이 아니기 때문에, 귀중한 옷감을 손상시키지 않고 옷을 지으려면 기술이 있어야 합니다. 오늘날에는 옷 만드는 기술자가 하면 되지만, 예전에는 여자라면 누구나 할 줄 알아야 했습니다. 그러니까 길쌈하여 바느질 잘하는 것이 훌륭한 색싯감의 기준 가운데 하나가 되었습니다. 옷 만드는 과정의 한 가지만 예를 들었지만, 여자들이 집에서 할 일은 무수히 많습니다. 밤을 새면서 말해도 다 못합니다.

이처럼 예전에 여자들이 하는 일이란 긴 노동의 연속입니다. 새벽에 눈을 떠서 밤늦게 눈을 감을 때까지 한시도 쉴 수 없는, 지루하게 반복되는 노동 말입니다. 그래서 '방아타령'이니 '베틀노래' 등의 민요가 이 지루함을 잊기 위해 나왔다고도 말하는 것은 과장이 아니겠지요?

황진이와 신사임당

얼마 전 어느 방송국에서 조선 중기 기생인 황진이를 다룬 드라마를 방영한 적이 있어 그것을 본 사람이라면, 왜 기생이 시를 잘 짓고 음악을 잘할 수밖에 없는가를 이해할 것입니다. 그것은 기생들이 상대하는 남자가 글을 잘 짓고 풍류를 아는 지체 높은 사람들이기 때문입니다.

따라서 기생들은 스스로 농사짓거나 길쌈을 하거나 음식을 마련할 필요가 없었습니다. 기생도 하나의 직업으로서 상대 남자들의 기호에 맞게 잘 어울리기만 하면 되기 때문입니다. 기생은 원래 천민이었으나 다만 위안이 있다면, 양반의 부녀자와 같이 비단옷에 노리개를 찰 수 있었고, 사대부들과 자유 연애가 가능했으며, 고관대작의 첩으로 들어가면 친정을 살필 수 있다는 점입니다. 물론 농부의 아내처럼 노동을 하지 않아도 됩니다. 또 기생은 많은 작품을 남겨 국문학사에서 큰 역할을 했는데, 그 가운데 가장 중요한 것은 고려가요의 전승이라 하겠습니다.

한편, 오천 원짜리 지폐에 초상이 실려 있는 율곡 이이 선생의 어머니 신씨의 당호가 사임당(師任堂)인데, 이는 중국 고대 주나라 문왕의 어머니인 '태임(太任)'을 본받는다[師]'는 뜻입니다. 아마도 태임을 당시 최고의 여성상으로 꼽았던 모양입니다.

그런데 신사임당의 인품이 훌륭함은 물론이고, 시와 글씨와 그림에도 능했다고 하며, 그 작품이 지금에 전해지고 있을 뿐만 아니라, 오천 원짜리 지폐에도 나와 있습니다. 그래서 한때 우리

나라 여성 교육 기관, 곧 여자 학교에서는 신사임당과 같은 여성을 많이 길러내는 것이 교육의 큰 사명으로 삼은 적이 있었고, 당시 여성들도 자신들의 꿈이 이른바 신사임당을 이상형으로 하는 '현모양처(賢母良妻)'가 되는 것이었습니다.

이 '현모양처'라는 단어도 우리의 전통적 언어에서 찾기가 힘든 것이기도 하지만, 그 속에는 정작 여성 자신에 대한 배려는 빠져 있습니다. 자식에 대하여 좋은 어미요, 남편에 대한 좋은 아내이니, 그 중심이 자식이나 남편에게 있습니다. 그러니까 오직 자식과 남편을 위하여 헌신하는 것이 훌륭한 여성이라는 가치가 반영된 것인데, 여성의 미덕을 거기에만 한정시킨다면 오늘날의 가치관으로 볼 때 여성들이 통탄할 노릇이지요.

그런데 신사임당이 우리가 앞에서 읽은 동화의 며느리와 같은 교육을 친정에서 받은 것은 틀림없었나 봅니다. 그의 작품이나 행적을 살펴보면 금방 알 수 있습니다. 그러나 신사임당이 손수 농사지어 음식 만들고 길쌈하여 옷 만들어 입었는지 확인할 길은 없습니다. 다만 당시 보통의 여자들이 할 수 없었던 일을 한 것만 본다면, 잡다한 집안일을 하인들에게 시키지 않았을까 짐작해볼 수 있습니다. 만약 그렇지 않다면 신사임당이야말로 대단한 '슈퍼우먼'이라고 말할 수 있습니다. 시대의 한계를 극복한 사람이기 때문입니다.

물론 신사임당 외에도 글이나 글씨, 예술에 능한 여성들을 우리 역사에서 많이 찾아볼 수 있습니다. 만약 이들이 이야기에 나오는 시아버지의 기준에서 본다면, 훌륭한 며느릿감인지 선뜻 말하기는 어려울 듯합니다. 농사나 집안일을 배우지 않았다면 말입니다.

이 말은 전래 동화에서 시아버지의 입을 통해 말하고자 하는 것과 우리의 상식 사이에는 인식의 차이가 있다는 뜻입니다.

남자의 일

다시 이야기를 앞의 동화로 돌아가봅시다. 천석꾼 장인은 만석꾼 사돈이 자기 딸을 돌려보낸 데 대해 앙갚음하기 위해 사위를 불러 꼬치꼬치 따져 묻습니다. 사람의 심리라는 게 그렇지 않습니까? 나무를 할 줄 아는가? 밭갈이할 줄 아는가? 신을 삼을 줄 아는가? 이렇게 물었습니다. 묻자마자 사위는 말이 아니라 행동으로 척척 잘해냈습니다. 자신이 만석꾼의 아들이면서 말입니다.

자, 그럼 이 이야기 속에 나오는 남자의 일은 무엇일까요? 산에 가서 나무하기, 밭갈이(쟁기질), 신(미투리) 삼기 등입니다. 물론 이 책에는 안 나오지만, 예전에 남자들이 하는 일이 더 있습니다. 가장 큰 일이 나랏일, 곧 군인으로 가거나 성을 쌓거나 궁궐 등을 짓는 데 동원되는 일이 그것입니다. 또 땅을 개간하고 집을 짓고 지게에 물건을 운반하는 등의 일이 있었습니다. 모두 농사를 짓거나 생활에 필요한 일입니다. 그러니까 남자는 나랏일과 집안일을 동시에 돌봐야 합니다. 오늘날도 그렇습니다.

남녀의 노동은 공평한가?

사실 앞에서 살핀 내용을 본다면 남녀 모두 긴 노동에서 결코 벗어날 수 없습니다. 다만 그 노동의 질적 차이를 보면, 섬세하고 잔손질이 많이 가는 데는 여자들이, 힘이 많이 들고 거친 일은 남자들이 주로 한다는 데 있지만, 누가 더 힘들다고 딱 잘라 말하기는 쉽지 않습니다. 노동이란 질적인 차이뿐만 아니라 양적인 차이도 무시할 수 없기 때문입니다. 가령 곡식을 운반할 때 같은 단위 시간에 남녀가 운반할 수 있는 양이 분명 다를 것이나, 옷감을 짜거나 옷을 만드는 것처럼 긴 시간을 필요로 하는 여성들의 노동 시간 역시 결코 무시할 수 없습니다. 또 여성들은 임신하여 아이를 낳고 기르기 때문에 남성보다 힘들다고 말할 수 있습니다. 반면에 남성들은 국가를 위해 군대나 부역으로 봉사하는 것도 만만치 않다고 항변할 것입니다.

다만 이전에는 그런 것을 따지지 않고 남녀 특성에 따른 역할을 묵묵히 해왔고 그것이 전통적인 노동에서 하나의 관례로 굳어졌을 뿐입니다.

남녀 모두 누가 더 많이 일했느냐, 아니면 누가 더 중요한 일을 했느냐고 따진다면 해결의 끝이 없을 것입니다. 물론 남녀 모두 열심히 일했다고 가정했을 때 말입니다. 만약 어느 한쪽, 대개는 남자에게 해당되지만, 누군가 게으름을 피운다면 대단히 불공평한 일이 벌어질 것입니다.

왜 부잣집 며느리나 사위도 노동을 해야 했을까?

이 이야기에서는 두 가지 입장이 갈등을 보이고 있습니다. 그것은 천석꾼과 만석꾼의 생각의 차이인데, 부잣집 딸은 보통 농민의 딸과 달리 시를 짓고 음악을 공부하며 글을 배우고 예절만 익히면 된다는 것과, 부잣집 자식이라도 다른 사람과 똑같은 일

을 할 줄 알아야 한다는 견해가 그것입니다. 이것을 좀더 단순화
시키면 사대부인 선비가 하는 일과 평민인 농민이 하는 일이 대
립하고 있습니다.

그 갈등은 만석꾼의 시아버지가 며느리가 일을 하지 못한다
고 친정에 가서 다시 일을 배워오라고 쫓아보내면서 시작됩니
다. 전통 사회에서 시집 온 며느리를 친정에 되돌려 보낸다는
것은 대단히 치욕스런 일에 속합니다. 만약 시댁에서 그 며느리
를 부르지 않는다면 영원히 친정에서 살아야 합니다. 만약 그
여자의 부모가 돌아가고 없으면 갈 곳이 없어지고 맙니다. 결국
이야기의 결말에서는 사대부인 선비의 일은 거부되고 농민의
일이 찬양받게 됩니다.

그런데 친정이 천석꾼이고 시댁이 만석꾼인데 며느리는 왜
힘든 노동을 해야 할까요? 반대로 만석꾼의 아들은 힘든 일을
하지 않고 선비처럼 글공부만 해도 되는데 왜 농사일을 시켰을
까요?

여기에 이 전래 동화의 비밀이 숨어 있습니다.

이 이야기에서 며느리나 사위가 부잣집 아들과 딸임에도 불
구하고 일, 곧 노동을 해야 한다고 생각한 이유는 크게 두 가지
입장에서 생각해볼 수 있습니다.

하나는 이 이야기를 만든 주체가 농민처럼 고된 일을 해야 하
는 사람들이라는 점입니다. 대개의 전래 동화가 그렇듯이 이야
기가 입에서 입으로 전승된 것이지만, 이야기를 처음 만든 사람
이 있었을 것입니다. 그렇다면 이 이야기는 분명히 농사를 짓는
사람의 입을 통해 만들어졌을 것입니다. 이야기의 배경과 내용

이 그것을 말해줍니다. 그래서 모든 사람이 일을 해야 한다는 생각을 가지고 만들었을 것입니다. 그가 누구든, 부잣집 자식이든 가난한 집 자식이든 모두 농사나 집안일을 배워야 한다는 생각 말입니다. 그러니까 '누구나 노동을 해야 한다'는 생각을 강하게 드러내고 있는 것입니다.

이것을 다른 식으로 표현하면 '놀고먹는 사람이 없어야 한다'는 말로도 생각해볼 수 있습니다. 왜냐하면 부잣집 아들딸들이 글씨를 쓰거나 시를 짓거나 악기를 연주하는 것은 농민의 눈에는 '노는 것'으로 비춰질 수밖에 없습니다. 그러니까 이 이야기를 전승시키는 사람들의 생각에는 누구나 예외 없이 열심히 일해서 먹고 살아야 한다는 의식이 들어 있는 것입니다.

놀고먹는 사람이 없어야 한다는 생각은 조선말의 시대상을 잘 반영하고 있습니다. 박지원의 각종 풍자 소설이나 실학자들의 주장에도 이런 생각이 들어 있는데요, 당시 농민들은 양반이나 지주, 관료들에게 수탈을 당하면서 이러한 생각을 가졌을 것입니다.

또 하나의 해석은, 부잣집 자식이라도 농부들이나 농부의 아내가 하는 일을 할 줄 알아야 한다는 생각입니다. 그래야 이들이 아랫사람들이 고생하면서 힘들게 일하는 것을 이해할 수 있다는 점이 고려된 것입니다. 곧 이 이야기에는 당시 지주나 그 자식들이 손끝하나 까딱하지 않고 아랫사람을 부려먹으면서 가혹하게 착취만 하는 비인간적인 풍조가 반영되었다고 말할 수 있습니다. 그래서 장차 지주가 될 아들딸들이 고된 농사일을 해봄으로써 농민들의 처지를 조금이라도 이해해주기를 바랐던 것입니다. 농민들의 이러한 염원이 고스란히 이야기에 녹아들어 갔던 것이지요.

잘 배운 사위와 못 배운 며느리

요즘 사람들의 가치관으로 보면 며느리는 예절과 글과 글씨와 음악을 배웠으니 잘 배웠다고 할 것이고, 그저 농사만 지을 줄 아는 사위를 못 배웠다고 단정할지 모릅니다. 그런 배경에는 농사는 아무나 지을 수 있다는 생각이 들어 있기 때문입니다. 요즘 사람들 가운데 도시에서 직장 생활하다 힘이 들면 이런 푸념을 합니다. "다 때려치우고 시골 내려가서 농사나 짓자"고 말입니다. 그러나 아무나 농사를 지을 수는 없습니다. 제대로 지으려면 기술과 자본과 힘이 듭니다. 다른 사업과 마찬가지로 말입니다. 결코 농사짓는 것이 쉬운 일이 아닙니다.

동화에서 사위는 잘 배웠다고 하고 며느리는 못 배웠다고 하는 이유는, 상류층 문화는 잘 배운 것이고 하류층의 그것은 못 배운 것이라는 데 대한 반작용, 곧 지주나 양반들이 자기들이 하는 일은 잘 배운 것이고 농민들이 하는 일은 못 배운 것이라는 데 대한 저항 의식에서 비롯할 수 있습니다.

그보다도 우리의 생활에 없어서 안 되는 물건을 생산하거나 이용할 줄 아는 것이야말로 제대로 아는 것이고, 문학이니 서예니 음악이니 하는 것은 일상 생활에 직접적인 관계가 없는 부차적인 가치 정도로 평가했기 때문입니다.

이러한 생각은 한가하게 멋 부리며 놀고먹는 지주나 양반에 대한 일반 농민들의 불만에서 나온 것입니다. 김홍도의 「타작」

이라는 그림을 보면, 타작마당에서 지주의 마름쯤으로 되어보이는 사람이 술병을 옆에 두고 장죽을 입에 문 채 비스듬히 술에 취해 누워 있는 장면이 있습니다. 바로 그 그림에서 열심히 일하는 농민들이 이런 생각을 하지 않았을까요? 비록 겉으로는 표정이 밝아보이지만 말입니다.

물론 김홍도의 이 그림에서는 지주(마름)와 소작인 사이의 대립이나 갈등이 보이지 않고 그것을 초월하는 해학과 중용(中庸)의 눈으로 바라보았기 때문이라고 평하는 사람들도 있지만, 그것은 어디까지나 화가 김홍도의 눈이 당시의 어떤 분위기를 묘사한 것뿐이고, 실상 조선 후기 사회에서 전반적인 소작농의 위치는 결코 이 그림의 표면적 표정과는 전혀 다른 것입니다.

조선말이 되면 양반의 수가 늘어나면서 토지가 지주나 부자들에게 집중되어 일반 농민들 가운데는 자기 땅 없이 남의 땅을 빌려 농사짓는 이른바 '소작농'이 늘어나게 됩니다. 이 땅마저 빌릴 수 없으면 정든 고향을 버리고 북간도로 이주하거나 유랑하거나 그것도 아니면 도적이 되기도 했습니다.

여기서 양반의 수가 증가했다는 사실은 국가에 내는 세금과 병역의 의무가 일반 평민인 농민들에게 가혹하게 전가되었다는 것을 의미합니다. 그래서 이른바 전정(田政)·군정(軍政)·환곡(還穀)인 삼정의 문란으로 말미암아 나라 살림(국가 재정)은 더욱 가난해지고 백성들은 어려워져 도처에서 민란이 생기고, 외적이 쳐들어와도 막을 힘이 약해 결국 망국의 길로 가지 않았습니까? 지주나 관료들은 잘살았지만, 정작 나라와 백성은 가난했으니 말입니다.

상황이 이러할진대 한가하게 시나 읊고 글씨나 뽐내며 풍류를 즐기는 것이 농민들의 입장에서 볼 때 제대로 배웠다고 말할 수 있겠습니까? 부자나 가난한 자나 남자나 여자나 모두 검소하게 열심히 일해서 각자의 살림을 튼튼히 해야 나도 살고 국가도 잘 된다는 강력한 메시지가 들어 있는 동화입니다.

노동에는 남녀 차별이 없다

모든 사람이 노동을 해야 한다는 생각은 매우 중요합니다. 현대적 의미에서 볼 때도 그렇다는 뜻입니다. 현대의 산업 구조는 너무나 복잡해서 옛날처럼 농사짓는 것만 가지고 노동이라고 말할 수는 없겠지만, 어떤 형태로든 일을 해서 경제적 가치를 창출하는 행위가 모두 노동에 속합니다. 여기에 남녀 구별이 있을 수 없습니다. 심지어 가정 주부가 집에서 일하는 것도 엄연히 가사 노동으로 인정받고 있으며 경제적 가치로 따지면 상당한 액수에 이른다고 합니다.

그런데 예전에는 여자는 집안일을 돌보며 남자는 집 밖의 일을 한다는 것이 공식화된 적이 있었습니다. '내외(內外)'라는 말이 원래 집 안과 밖을 두고 한 말인데, 이러한 남녀의 사회적 역할에 따라서, 또는 여자는 집의 안채에 주로 거처하고 남자는 바깥사랑채에 거처하기도 해서, 그 말이 남녀 사이 또는 부부 사이를 일컫는 말로 바뀌게 되었습니다.

그러니까 원래 여자는 집안일, 남자는 집 밖의 일을 하는 것으로 역할을 나눈 것은 농민이 아니라 사대부에게 해당되는 일입니다. 가난한 농민들에게는 그럴 만한 공간도 역할도 없었기 때문입니다. 사대부들에게서 집 밖의 일이란 나랏일을 돌보는 것인데, 후대에 와서 관직이 있든 없든 선비들이 나라를 걱정하며 사회 활동을 하는 일 자체가 일상화됩니다. 이 또한 집 밖의 일이고, 여전히 여자는 집안일을 돌보아야 했습니다.

여담이지만, 영화 「미션임파서블」 시리즈로 우리에게 널리 알려진 '톰 크루즈'가 주연한 「라스트 사무라이」를 보면 일본에서는 더욱 그랬던 모양입니다. 이런 영화 돈 주고 보기 아까워 조금 기다렸다 케이블 방송을 통해 보았지만, 남자들은 정치나 무예 익히기 등의 바깥 일만 하지요. 조선과의 차이점은, 조선 선비들은 글을 익혀 붓으로 싸우고 일본 사무라이들은 무예를 익혀 칼로 싸운다는 차이만 있더라고요.

어찌되었든 조선의 부잣집 남자라면 당연히 글을 배우고 예의범절을 익혀 선비의 교양을 쌓았을 것입니다. 비록 사대부 출신이 아니더라도 만석꾼 정도 되면 양반 흉내라도 내기 위해서 더욱 그랬을 것입니다. 원래 열등감이 있는 사람들이 더 돋보이기 위해 남의 흉내를 내는 법이거든요. 박지원의 소설 『양반전』도 바로 부자가 양반이 되기 위해 쏟는 힘든 노력을 풍자하기 위한 소설이 아닙니까? 실제로 평민 출신 지주들은 돈을 내고 양반이 되기도 하고 양반 족보를 사들인 적이 많았다고 합니다.

그러나 여자의 경우는 달랐습니다. 대다수의 조선 여성들은 그가 부잣집 딸이든 가난한 집 딸이든 기본적으로 바느질하고 밥 짓고 옷 만드는 일을 익혔습니다. 집안일을 해야 하니까요. 물론 자기가 직접 하기도 하고 하인들을 시키기도 했지만 말입니다.

그런데 앞의 동화는 전혀 그런 구별을 두지 않았습니다. 남자니까 특별히 이래야 하고, 여자니까 이렇게 대우해야 한다는 생각이 보이지 않습니다. 단지 일의 종류만 다를 뿐 일을 할 줄 알아야 한다, 곧 일을 배워야 한다는 관점에는 변화가 없습니다.

여자가 많이 배우면 꼴불견이다?

이렇게 대다수의 모든 여성이 방아 찧어 밥 짓고 빨래하고 길쌈하는데, 시를 짓고 그림을 그리며 노래를 배운다고? 어디 가당키나 한 일인가요? 더군다나 만석꾼의 아들이 일할 줄 안다는 것을 대비시킨 것은, 여자가 이렇게 집안일도 못하면 쫓겨나는 게 지극히 당연하다는 논리를 강화시켜주는 구실을 합니다. 그러니까 여자가 사대부처럼 많이 배운 것은 참으로 꼴불견이 된다는 생각이 은연중에 들어 있습니다. 그것은 여성의 사회 참여나 정치에서 배제시킨 조선의 풍토에서는 너무나 당연한 것입니다.

이렇듯 당시 분위기로 보아서 만석꾼의 아들이 일을 안 하고 글공부만 하였다고 해도, 자기 딸자식이 쫓겨온 데 대한 천석꾼의 항의는 설득력을 발휘할 수 없습니다. 여자들에게는 글 같은 것은 안 가르치고 일만 가르치는 것이 기본이었으니까요. 그러니까 여자는 원천적으로 배울 필요도 없고 일만 잘하고 아이만 낳고 잘 기르면 된다는 것인데, 이 이야기에서 일 잘하는 상대인 사위를 등장시켜 여성들에게 한 번 더 치명타를 먹인 것이지요.

이렇듯 잘 배운 여자에 대한 편견의 예는 우리 역사에서도 찾아볼 수 있습니다. 『홍길동』을 지은 허균의 누나 허초희(호 : 난설헌)도 시에 능하고 글 솜씨가 좋았는데, 남편 김성립에게 그다지 환영받지 못하고 일찍 죽었습니다. 허균의 말을 빌면, "살아서는 부부 사이가 좋지 않았고 아이도 없었으며, 어질고 문장이 높았으나 시어머니에게 사랑을 받지 못했다"고 한 것을 보면, 아마도 오늘날 식으로 말하면 잘 배운 데 대한 배려와 이해 없이, 오히려 잘 배운 여자에 대한 남편의 열등감이 부인을 박대하는 행위에 더 가세하여 작용하지 않았나 생각됩니다. 시어머니의 태도는 아마 며느리는 집안의 일상적인 여자의 일만 잘하기를 바랐는지 모릅니다.

어쨌든 이 이야기는 여성의 일상적인 노동과 생활을 벗어나 특별한 재주나 남성의 영역을 넘나드는 여성에 대한 편견을 나타내는 것으로도 해석될 수 있는 귀한 자료인 것입니다.

자식들에게 글공부보다 일을 가르치자

일이란 직접적으로 실생활에 도움이 됩니다. 먹고사는 데 일만큼 중요한 것은 없습니다. 공부도 일에 도움이 되고자 하는 활동이 대부분입니다. 그러나 공부를 하다보면 나중에 먹고사는 데 직접 도움이 되는 것도 있고 안 되는 것도 있습니다. 시인이 아니라면 시를 짓는 것이, 음악가가 아니라면 음악 활동이 직접 먹고사는 데 도움이 되는 활동은 아닙니다.

그러나 먹고사는 일에 초연하여 공부나 예술 활동에 종사하는 사람들도 있었습니다. 가난에 쪼들리면서도 불후의 명작을 남기거나 진리를 발견한 사람들도 얼마든지 찾을 수 있습니다. 가령 서양화가 밀레의 경우가 그렇습니다. 그가 생활에 쪼들리면서도 그린 그림의 대부분은 주로 농민들의 모습인데, 밀레의 그림을 전부 감상할 기회가 있으면 꼭 보시기 바랍니다. 그가 화가이기는 하지만 얼마나 노동과 근접한 현장에서 작품 활동을 했는지 살펴보기 바랍니다. 예술 작품이라기보다 한편의 당시 농촌 다큐멘터리를 보는 것 같은 느낌이 들 것입니다. 그의 작품이 위대한 예술성을 띠면서도 사실성을 포함하고 있기 때문입니다.

설령 주변에 그런 사람들이 있었다 하더라도 그런 소질이나 열정이 없는, 보통의 삶이 절박한 사람들에게는 그런 것들은 사치에 불과합니다. 앞에서 읽은 전래 동화를 만들거나 전승시킨 조선시대의 일반 사람들에게는 적어도 시를 짓고, 글씨를 쓰고, 악기를 연주하는 것 자체는 사치에 불과하고 실생활에 도움이 안 된다고 보았던 것 같습니다.

하긴 요즘도 배고픈 사람들이 자식들에게 강조하는 공부란 우선 학교를 졸업하여 직장을 잘 얻을 수 있는 그런 공부를 시킵니다. 광복 후나 6·25전쟁 후에만 자식들을 졸업하자마자 취직이 잘 되는 학교에 보냈던 것은 아닙니다. 그러나 잘사는 집의 아이들은 그렇지 않습니다. 예술이나 학문을 위한 공부를 시킵니다. 실생활에 당장 경제적 위협을 받지 않기 때문에 그런 것을 시킨다 이 말입니다. 물론 그것을 시키는 이유는 그 속에 무엇인가 있기 때문이 아니겠어요?

그런데 천석꾼 만석꾼이라면 생활이 절박하지도 않은데 왜 일을 가르쳐야 한다고 생각했을까요? 아무리 가난한 농민이라 하더라도 자기가 나중에 부자가 되면 아이들에게 농사 말고 다른 공부를 시키려고 하지 않았을까요? 요즘 대한민국 졸부들이 아이들에게 고상한(?) 공부를 시키는 것처럼 말입니다.

모르긴 해도 일을 모르는 아이들이 나중에 자랐을 때, 부모가 고생해서 모은 재산을 물려받아 제대로 관리도 못하고 순식간에 날릴 수도 있다는 우려가 작용했는지도 모릅니다. 아니면 일도 모르는 '싸가지' 없는 자식들이 흥청망청 살림을 바닥낼지도 모른다는 걱정도 작용했을 것입니다. 그것도 아니라면 송충이는 솔잎을 먹고살아야 하는데, 공부 가르쳤더니 괜히 분수도 모르고 정치한답시고 집안을 망하게 할지도 모른다는 생각을 했겠지요. 조선시대에는 뭣 모르고 정치에 관여하여 정쟁(政爭)으로 패가망신한 사람들이 많았기 때문입니다. 그래서 자식이 무식하고 일만 하면 남을 위하여 재산을 날릴 염려는 적었습니다. 허나 아는 척이라도 하고 사회에 이름이라도 남기려면 불쌍한 사람을 도와야 하고, 정치를 위해 희생된 억울한 친구를 도와야 하고, 정치적 힘을 갖기 위해 돈을 써야 하고, 조선말이나 일제 때처럼 나라가 어려우면 독립 자금이라도 내놓아야 합니다. 이런저런 것 생각해보면 자식이 무식하게 농사만 짓는 것이 '장땡'일 수도 있습니다.

그러나 뭐니 뭐니 해도 이 이야기를 만든 사람들은 아직 부자가 아니니까, 누구나 노는 사람 없이 열심히 일해야 한다는 생각을 하지 않았겠어요?

일과 노동자

앞의 이야기에 등장하는 '배워야 할 것들'은 모두 일에 해당됩니다. 농업 사회를 기반으로 하기 때문에 곡식과 옷감 생산 위주의 일입니다. 당시 직업으로 분류한다면 농업에 해당되겠지요.

일의 사전적 의미는 '무엇을 만들거나 이루기 위해서 몸을 움직이고 머리를 써서 하는 인간의 활동 또는 그 활동의 대상'을 의미합니다. 따라서 일이란 주로 일정한 직업을 통하여 이루어지며 거기에는 수많은 종류가 있습니다. 없어지는 직업도 있고, 지금 이 순간에 생겨나는 직업도 있습니다.

그런데 우리는 보통 일을 노동과 같은 의미로 사용하고 있습니다. 그래서 일하는 일꾼을 노동자로 부르기도 합니다. 여기서 이상한 현상이 벌어집니다. 똑같이 일을 하는데 어떤 사람들은 노동자라고 부르지 않습니다. 가령 회사의 임원이나 대표, 고위 공무원, 판검사, 교수, 의사나 변호사 등이 여기에 해당됩니다. 더 웃기는 일은, 교사들은 어떤 단체에서는 노동자라 부르고 또 어떤 단체에서는 그렇게 부르지 않습니다. 그래서 교사 자신들도 여기에서 태도가 양분됩니다. 물론 교사 출신인 교감이나 교장들이 자신들을 노동자라고 부르는 경우는 드뭅니다.

도대체 회사나 기관을 관리하거나 책임지는 사람들이 하는 일은 노동이 아니라서 노동자란 말을 안 쓰는가요? 그렇다면 이들에게 '일'과 '노동'은 엄연히 다른 것입니다. 아니면 노동이긴 하지만 노동자라는 말이 적당하지 않아서 그런 것일까요? 하위직에 속한 사람들이 하는 일이 '노동'이기에 이들을 노동자라 부른다면, '노동'이라는 말이 생긴 배경에 뭔가 미심쩍은 것이 있기 때문이 아닐까요?

노력자와 노심자

'노력자(勞力者)'라고 하니까 '무엇에 열심히 노력하는 사람'을 두고 한 말이라고 생각하면 오해입니다. 여기에 나오는 '노력'이란 '노력(努力)은 성공의 어머니' 할 때의 그 '노력'이 아닙니다. '노력(勞力)'의 원래의 뜻은 그런 말이 아닙니다.

중국 전국시대 맹자(孟子)는 노동을 분리해서 보는 생각을 잘 정리해두었습니다.

그러니 천하를 다스릴 때 그 자신이 직접 농사지으면서 그렇게 할 수 있겠소? 대인의 일이 있고 소인의 일이 있소이다. 또 한 사람이 사용하는 물건에도 수많은 기술자가 한 일이 들어 있으니, 만일 반드시 모든 사람으로 하여금 스스로 모든 기술을 갖춘 후에 그 기술을 사용하게 한다면, 이는 천하 사람들을 이끌어 길바닥에서 바쁘게 돌아다니게 하는 것이오. 그러므로 말하기를 "혹 마음을 가지고 힘쓰거나 혹 몸을 가지고 힘쓰는데, 마음을 가지고 힘쓰는 자는 남을 다스리고, 몸을 가지고 힘쓰는 사람은 다른 사람의 다스림을 받는다"고 하니, 남의 다스림을 받는 자는 물건을 생산하여 남을 먹이고, 남을 다스리는 사람은 남에게서 얻어먹는 것이 천하에 통하는 마땅함이로소이다. (『孟子』, 「滕文公章句上」: 然則治天下, 獨可耕且爲與. 有大人之事, 有小人之事. 且一人之身而百工之所爲備, 如必自爲而後, 用之, 是率天下而路也. 故曰, 或勞心, 或勞力, 勞心者, 治人, 勞力者, 治於人 治於人者, 食人, 治人者, 食於人, 天下之通義也.)

맹자의 이 말은, 당시 어떤 사람이 현자(賢者)는 자신이 직접 농사를 지으면서 정치를 한다고 하면서 노동하지 않는 맹자를 은근히 비꼰 말에 대한 답변입니다. 맹자는 발끈하면서 그 사람의 존경하는 스승이 자기가 사용하는 물건을 직접 만들어 쓰는지 물었습니다. 그 사람은 물물 교환을 했다고 답합니다. 질문한 사람은 맹자가 노동을 하지 않은 것을 비꼰 것인데, 맹자는 바로 그 '교환'이라는 말에 힌트를 얻어 현대식 분업 개념으로 이렇게 답한 것입니다. 이해가 됩니까?

플라톤의 정의

그리스의 철학자 플라톤에 따르면 국가는 인간의 필요에 따라 형성되었다고 봅니다. 수공업자나 농부 등의 생산자, 전사(戰士), 통치자 계급은 상호 관계를 맺고 있는데, 국가에 정의(正義)

가 실현되는 것은 각 계급들이 서로 조화롭게 일치하여 상호 작용하는 것입니다.

그런데 인간의 영혼은 이성, 기개(氣槪), 욕정으로 이루어졌는데, 이성은 지혜라는 덕의 기초며, 기개는 용기라는 덕의 기초이고, 욕정의 극복은 절제라는 덕의 기초에 있습니다. 제4의 덕인 정의는 바로 이 세 가지 덕의 조화로운 결합에 있다고 합니다.

설명이 쉽지 않지요? 쉽게 말해서 플라톤의 이 이론은 고대 노예제 귀족 정치를 옹호하는 철학인데, 민중은 생산이라는 노동에만 종사해야 하고 이들의 덕이란 소극적인 복종의 덕, 곧 절제의 덕만 갖고 있습니다. 그러니까 민중은 고단한 육체 노동만 강요당한 셈이지요.

정신 노동과 육체 노동

그런데 맹자는 노력(勞力), 곧 육체적으로 노동하는 것만이 일이라고 생각하지 않았습니다. 노심(勞心), 곧 정신적으로 힘쓰는 것도 엄연히 일이라고 여겼습니다. 사람들이 자기에게 필요한 물건을 만들기 위하여 모든 일을 겸할 수 없듯이, 정신 노동과 육체 노동을 겸하지 않아도 된다는 요지입니다.

이 고사는 역사적으로 매우 의미 있는 사건인데, 곧 육체 노동과 정신 노동이 분리되는 과정을 보여주고 있기 때문입니다. 맹자와 대화하는 사람의 생각에는 왕이나 지배층이라 하더라도 직접 생산 활동에 종사해야 한다는 고대의 관점이 들어 있습니다. 그러나 맹자에게서 그것이 분리되고 있는 것입니다.

그래서 이런 관점에서 직업의 분화를 보여주는 것에는 조선시대의 사민(四民)이라는 것이 있었습니다. 이른바 사농공상(士農工商)이 그것입니다. 그 명칭이야 중국 고전에 근거하고 있지만, 실질적으로 그 계급 구조가 조선 중기 이후까지 적용되었습니다.

사(士)는 벼슬하는 사람이나 퇴직 관리, 관청의 서리까지 포함된 지배 계층으로 관직과 토지를 거의 독차지하면서 신분적 지배 체제를 통하여 그들의 특권을 세습, 지속시켰던 사람들입니다. 이들은 형식적으로 보면 유교적 교양을 닦아 정신적으로나 정치적으로 지도적 위치에 있던 사람들입니다.

이에 반하여 농·공·상에 종사했던 사람들은 곡식을 비롯한 온갖 물품을 생산하고 유통하였으며, 법적으로는 양인(良人: 자유인)이어서 양반이 될 수도 있었지만, 그러한 능력을 지니기 어려웠고 의무만 주어졌습니다. 특히 농민들은 양반의 소작인으로서 생활했고, 국가에 대해서는 온갖 부역과 세금을 강요당하고 있었습니다.

그러나 17세기 이후 산업이 어느 정도 발달하면서 사회 분화가 일어나고 신분 체제가 느슨해지자 신분적 변화가 생겼고, 19세기 말에 이르러서는 백성을 '사민'이라고 부르는 것이 사라지게 되었습니다.

그런데 우리가 정신 노동이나 육체 노동이란 말을 쓰면서 비록 정신 노동이라 할지라도 하위직에 종사하는 사람들은 자타가 노동자라로 부르고 있는데, 맹자의 말대로 '남을 다스리는 사람', 요즘 식으로 본다면 정치가나 관리자나 고위 공무원들은 왜 스스로 노동자라 부르지 않을까요? 이들은 정신 노동마저 안 한단 말입니까?

혹자는 이렇게 말할 것입니다. 고용주나 그 대리인은 노동자라고 부르지 않고 고용인일 경우에만 쓴다고 말입니다. 그렇다면 교수나 검판사가 고용주 아니면 그 대리인입니까? 이들도 엄연히 강도 높은 정신 노동에 종사하고 있는데 말입니다.

한편, 강도 높은 정신 노동에 종사하면서 스스로 노동자로 자처하는 경우도 많습니다. 가령 교사, 하위직 은행원, 프로그래머, 연구원, 하위직 공무원, 하위직 회사원 등이 그들입니다. 그러니까 정신 노동은 관리자나 정치가나 교수들의 전유물이라고 생각해서는 안 됩니다. 정신 노동을 하는 사람은 노동자가 아니고 육체 노동에 종사하는 사람만 노동자라는 등식은 성립하지 않습니다.

노동은 천한 것이다?

많은 사람들이 강도 높은 노동에 종사하고 있으면서 자신이 정신 노동에 종사하고 있기 때문에 스스로 '노동자'라 여기지 않는 것은 노동을 천시하는 경향이나 의식 때문입니다. 아니면 맹자 식의 표현, 곧 '마음을 힘쓰는 자는 남을 다스리며 남에게서 얻어먹는 것이 천하의 통용되는 마땅함'이라는 생각 때문인지 모르겠습니다.

노동을 천시하는 이유를 역사에서 찾아보면, 정신 노동과 육체 노동의 분리와 대립이 있었고, 정신 노동은 지배층이 담당하였고 육체 노동은 일반 민중들이 담당하였기 때문입니다. 가령 조선시대를 예를 들면, 정신 노동은 사대부 양반들이, 육체 노동은 농민 이하 백성들이 하게 된 것처럼, 육체 노동에 대한 천시가 역사적 뿌리를 갖고 있다는 점입니다.

그래서 노동은 '못 배우고 천한 사람들이 하는 일'이라는 생각은 필자가 어렸을 때도 일상적으로 듣던 말입니다. 흔히 어른들은 "너는 자라서 '펜대 굴리는' 직업을 택하라"고 충고해주었지요. '펜대 굴리는' 직업이란 요즘말로 말하면 화이트칼라, 곧 사무직을 말하지요. 아마도 당시는 현장에서 육체적으로 힘들게 고생하는 것보다 사무실에 앉아서 서류를 만지작거리며 일하는 것이 훨씬 매력적으로 보였을 것입니다.

필자의 경험을 말하면 정신적으로 힘든 일은 육체도 함께 힘들다는 사실입니다. 오히려 정신 노동이 육체 노동보다 힘든 일도 있습니다. 이 세상 어떤 일이 힘들지 않겠습니까? 본인이 종사하는 일에 최선을 다한다면 말입니다. 만약 육체나 정신 그어느 쪽 가운데 하나라도 힘들지 않고 편안한 직업이 있다고 한다면, 아마도 놀고먹거나 대충대충 불성실하게 일하는 사람일 것입니다.

그래서 우리 사회에서 노동자라로 말할 때는 이러한 이중성, 곧 힘들고 천한 일을 하는 사람과 육체 노동에 종사하는 사람이라는 두 가지 의미가 혼재되어 있습니다. 거기에다가 노동조합에 가입한 사람들도 노동자이므로, 노동조합 가입을 거부하는 사람이나 가입해서는 안 되는 사람들을 노동자로 부르는 것은 매우 불쾌한 일이 되었습니다.

그러나 그가 노동자로 자처하거나 그렇지 않든 간에 일정한 직업을 가지고 노동력을 제공하여 그 보수로 급료를 받아 생활한다면, 노동을 하는 것은 엄연한 사실이고, 그런 의미에서 볼 때 모두 노동자인 셈입니다. 비록 노동자가 아닌 사람들도 그가 일정한 직업을 가지고 일을 한다면, 노동을 하지 않는다고 말할 수 없겠지요.

노 동

노동(勞動)이라는 말은 원래 '가축을 묶는 도구'라는 라틴어에서 온 말로, 영어로는 labour, 독일어로는 Arbeit입니다. 독일어 아르바이트를 줄여 요즘 '알바'라는 말을 많이 쓰고 있는데, 노동이란 뜻을 가지고 있다는 사실을 아는지 모르겠습니다.

앞에서 살펴본 바와 같이 일상적인 일을 노동과 같은 개념으로 쓰기 때문에 노동이라는 본래적 의미가 상실되고 있습니다. 노동은 놀이나 여가와 다른 것으로서, 사회적으로 유용한 활동을 구분해내고, 삶에 필요한 물품을 생산하는 활동만 노동이라 부르면 좋을 것입니다. 여기서 사회적으로 유용한 활동을 구분해낸다는 것은 어떤 활동이 사회적으로 유용한지 아닌지를 오직 노동이라는 관점에 비추어 확인할 수 있다는 말입니다.

원래 노동이란 자연에서 생산물을 얻기 위해서 가해지는 인간의 노력인 것입니다. 우리가 앞에서 읽은 동화에서처럼, 밭을 갈고 나무를 해오며 밥을 짓고 반찬을 만들며 옷감을 짜는 것 등이 그것입니다.

그러나 산업, 곧 생산 활동이 복잡해지면서 다양한 형태의 노동이 요구되었습니다. 굳이 직접 물건을 생산하는 것만 노동이라고 규정할 수 없게 되었습니다. 그 생산에 직간접적으로 간여하는 모든 생산적 활동이 노동인 것입니다. 반면에 생산적인 일과 상관없는 활동은 노동과 거리가 있겠지요. 그러니까 노동에 종사한다고 해서 모두 노동자는 아니고, 노동자라고 해서 모두 육체 노동자만 가리키는 것은 아닙니다.

생산력과 생산 관계

생산이란 원래 자연에 노동을 가하여 필요한 물건을 얻어내는 활동입니다. 옷, 음식, 집, 자동차, 텔레비전 등이 모두 생산물입니다.

사람들이 자신들의 필요한 물건을 얻기 위한 노동에서, 밭이나 철광석처럼 인간의 노동이 가해지는 사물을 노동의 대상이라 부르고, 그 과정에 요구되는 기계 장치, 도구, 공장, 운반 도구를 노동 수단이라 부르며, 노동의 대상과 노동 수단이 생산 수단을 구성합니다.

그런데 우리가 '생산력'이 우수하다거나 낙후되었다고 할 때, 그 '생산력'은 무엇일까요? 일상적으로 쓰는 말이면서 정확하게 이해하지 못하는 것이 이 경우인데, 좀 어렵게 말하면 한 사회의 어떤 역사적 단계에서 생산에 동원되는 수단들의 집합이라고 정의합니다. 곧 노동 수단, 기술적·과학적 자본, 분업의 상태로서, 쉽게 말하면 생산 수단과 인간(노동)을 합친 개념으로 생산할 수 있는 힘 또는 생산 가능성을 말합니다.

이 생산력과 동시에 꼭 이해해야 할 것은 '생산 관계'라는 개념입니다. 이것은 생산의 현장에서 개인이 배치되는 구조를 말합니다. 다시 말하면 재산을 소유하는 형식(생산 수단의 개인 소유나 사유 재산을 인정하느냐 안 하느냐 등)과 분배 형식(생

산물을 노동자들에게 분배하는 방식) 등, 곧 생산 과정에서 인간
들 사이의 관계를 말합니다.

어떤 이유에서든 이 개념이 중요한 이유는 역사와 사회 현상
을 이해하는 중요한 수단이 되기 때문입니다. 일례로 어떤 철학
자들은 이 생산력과 생산 관계의 갈등과 모순 속에서 사회가 변
화한다고 봅니다. 가령 노동자들이 어떤 공장에서 열심히 일해
서 이윤을 크게 남겼는데, 대부분의 이윤이 공장을 소유한 자본
가에게 돌아가고 자기들에게 돌아오는 몫이 적다면 큰 불만을
가질 것입니다. 이러한 모순이 사회 전체적으로 더 커져서 불만
이 폭발하면 사회가 새로운 국면으로 변한다고 합니다.

그러나 이러한 생산력과 생산 관계의 갈등과 모순을 해소시
키면, 곧 노동자들의 권익을 위하여 노동조합의 설립을 인정하
고 권리를 보장하면, 기업가나 노동자가 공생할 수 있다고 보는
관점도 있습니다. 우리나라를 비롯하여 자본주의 국가들이 채
택하고 있는 제도입니다.

어쨌든 노동자는 생산력의 한 축을 이루고, 사회 제도나 법은
생산 관계를 규정하여 지금까지 사회가 굴러가고 있는 것입니
다. 만일 노동자들이 생산력에 차지하는 노동의 비중을 너무 크
게 잡아 이윤 가운데 자기들의 몫을 더 많이 요구한다면, 기업의
재투자나 기업가의 몫이 줄어들어 기업이 번창하거나 유지되기
어려울 것입니다. 반대로 기업가가 노동자들의 몫을 줄이고 기
업의 이윤을 너무 많이 가로챈다면 노동자들의 저항에 부딪히
게 되어 기업도 어려운 처지에 놓이게 될 것입니다.

이렇듯 우리 속담에 '판을 깨면 안 된다'는 말이 있듯이, 노동

자들도 기업이 자신들의 일터이고, 기업가 또는 기업이 자신의 일터임과 동시에 많은 사람들을 먹여 살리는 수단이므로, 서로가 판을 깨서는 안 되겠지요.

생산 양식

생산 양식(生産樣式. mode of production)은 앞에서 말한 생산력 곧 노동과 생산 도구와, 생산 관계 곧 생산 과정에서 사람들 사이의 관계(소유나 분배 형식 등)로 나타냅니다. 다시 말하면 생산력과 생산 관계의 통일로 구성됩니다.

따라서 생산 양식을 변화시키는 요인에는 생산력과 생산 관계가 되겠습니다. 그 가운데서 생산력이 활력적인 요소인데, 생산력의 증가는 생산 관계의 변화뿐만 아니라 생산 양식의 변화도 불러옵니다. 가령 생산력에 속한 증기제분기나 방직 기계의 발명은 산업혁명을 일으켰고, 중세 봉건 사회를 산업자본주의 형태로 바꾸고 말았습니다. 오늘날도 통신의 발달은 지식 정보 사회라는 형태로 바뀌고 있습니다. 따라서 역사의 흐름 속에서 다양한 생산 양식이 발생하고 해체되었습니다.

이쯤에서 지금 생각해보면 상당히 황당한 일이 있는데, 우리나라의 40대나 50대 정도 되는 사람들 가운데는 아직도 민주주의의 반대는 공산주의로 아는 사람이 많을 것입니다. 이들이 자랐던 사회적 분위기가 그랬으니까요.

여기서 민주주의(民主主義)는 정치적인 입장에서 말하는 것으로 민주주의의 반대는 독재 또는 전제주의(專制主義)라고 말하는 것이 타당합니다. 공산주의(共産主義)란 경제적인 측면, 다시 말하면 생산 양식의 입장에서 말하는 것입니다. 따라서 공산주의 또는 사회주의(社會主義)의 반대는 자본주의(資本主義)입니다. 현재 우리 사회의 생산 양식이 바로 이 자본주의입니다. 공산주의와 자본주의의 큰 차이점은 생산 수단, 곧 공장이나 토지 등을 개인이 소유할 수 있느냐 없느냐에 따라 나누어집니다.

그런데 세계의 모든 나라를 딱 이 두 가지로 분류할 수는 없습니다. 자본주의와 민주주의를 채택하면서 사회주의적인 요소를 부분적으로 가미한 나라들이 많기 때문입니다. 또 사회주의적인 요소를 채택했더라도 어디까지 채택하느냐에 대하여 다양한 편차를 보이고 있습니다.

민주주의냐 공산주의냐? 이렇게 묻는 것은 질문 자체가 우스꽝스럽지만, 사회주의냐 자본주의냐를 흑백 논리 식으로 나누어보는 것도 무의미합니다. 자본주의도 사회주의 방향으로 수정할 수 있고, 사회주의도 자본주의 방향으로 수정할 수 있기 때문입니다. 전자의 경우는 서유럽의 나라들이 여기에 해당되고 후자의 경우는 중국이 대표적인 나라입니다.

놀고먹는 자 그대는 누구인가?

앞의 이야기 속에는 '누구나 일을 해야 한다'는 사상이 녹아 있습니다. 그 일이란 것도 인간의 의식주를 해결해주는 일차적인 생산에 속한 일입니다. 그것을 잘하는 것이 잘 배운 것입니다.

조선 후기 실학자들 사상 속에도 이러한 것이 들어 있습니다. 물론 이것은 '놀고먹는 양반'을 비판하기 위해서 나온 말이기도 합니다. 성호학파의 선구자인 성호(星湖) 이익(李瀷)은 "재물을 생산하는 데는 방법이 있다. 그것은 생산자를 많게 하고 놀고먹는 자를 적게 하며 만드는 것은 빠르게 하고 쓰게 하는 것은 천천히 하는 것에 불과하다"고 하여, 바로 '놀고먹는 자'에 대한 관심을 보이고 있습니다. 그리하여 "우리나라에는 놀고먹는 자가 너무 많다"고 하여 놀고먹는다고 생각되는 양반, 승려, 광대들을 농업에 종사시켜야 한다고 주장했습니다. 또 국가를 유지하는 관리를 제외한 사람들은 모두 농업에 종사시켜야 한다고 주장하였는데, 그것이 곧 '선비와 농민이 하나가 되는 것'인 사농합일(士農合一) 사상입니다. 바로 이것은 우리가 읽은 동화에서 볼 때, 선비가 하는 일을 배운 며느리에게 못 배웠다고 하고, 농부가 하는 일을 배운 사위에게 잘 배웠다고 하는 것과 일맥상통합니다. 그리하여 성호는 생산에 참가하는 사람을 늘이기 위한 방법 가운데 하나는 토지 개혁과 함께 "쓸데없는 관리를 줄이는 것이 놀고먹는 자를 적게 하는 것"이라고 했습니다.

이런 사상은 북학파의 한 사람인 담헌(湛軒) 홍대용(洪大容)도 주장합니다. 그는 "우리나라는 예로부터 명분을 소중히 여겨 양반들은 비록 의지할 곳 없이 굶주려도 팔짱을 끼고 앉아서 쟁기나 써레를 손에 잡지 않으며, 쓸모 있는 일에 힘쓰고 부지런하여 몸소 비천한 일을 하는 자가 있으면 모두 그를 조소하여 노예처럼 생각한다. 그리하여 노는 사람은 많고 생산하는 사람이 적으니 재물이 어찌 궁핍하지 않으며 백성들이 어찌 가난하지 않겠는가?" 하였으며, "놀고먹으면서 아무런 일도 하지 않는 자들을 나라에서는 그들에게 벌을 주며 마을과 고을에서 쫓아버려야 한다"고 주장하였습니다. 이 또한 '놀고먹는 자'에 대한 강한 비판입니다.

또 연암(燕巖) 박지원(朴趾源)은 북학파의 실학자이자 문학가로서 활약하였는데, 특히 그는 여러 문학 작품을 통하여 놀고먹는 양반의 위선을 해학과 풍자로서 폭로하였습니다.

또한 초정(楚亭) 박제가(朴齊家)는 『북학의(北學議)』에서, "우리나라 풍속은 헛된 문장을 숭상하고 기피하는 일이 많아서 사대부들이 차라리 놀고먹을지언정 일하는 게 없다. 벼슬에서 물러나 시골에 가서도 농사지을 줄을 아는 사람은 거의 없다"고 비판합니다.

성호학파와 북학파의 이론을 종합한 다산(茶山) 정약용(丁若鏞)도 한결같이 "지금 관직도 없으면서 농업에도 종사하지 않고 또는 학문도 연구하지 않아 일자무식이면서 도리어 선비로 자처하는 자들이 많다. 이들은 백성들을 멸시하며 농사짓는 일을 아주 천한 일로 여기고 힘들여 일하는 것을 싫어하여 손끝하나 까딱하지도 않고 가만히 앉아서 추위에 굶주리고 있다. 온 나라 사람들이 모두 놀고먹기만 좋아한다면 재정이 어찌 모자라지 않겠는가!"라고 근심하였습니다.

이렇게 조선 후기 실학자들은 한결같이 '놀고먹는 자'를 없애야 한다고 주장했습니다. 물론 이들이 '놀고먹는' 문제만 다룬 것은 아니지만, 이 시대의 실학자들은 이 문제에 대하여 비판적 자세를 취하고 있었고, 이 동화의 정신과 맥락을 같이 하고 있다는 점입니다.

실학자들의 말에서 눈여겨보아야 할 내용이 몇 가지 있는데, 우선 놀고먹는 부류도 크게 세 가지로 나눌 수 있습니다. 하나는 권력을 가진 사람이나 지주이고, 다른 하나는 가난하게 사는 선비 또는 양반이면서, 농사를 배우지 않았거나 사회적 풍토가 양반이 농사짓는 일을 천하기 생각하기 때문에 어쩔 수 없이 추위에 굶주리고 있는 경우입니다. 또 하나는 승려나 광대의 경우인데, 농업을 중시하는 농경 사회이니 만큼 이들 직업에 대한 존재의 필요성을 느끼지 않았던 것 같습니다.

　어쨌든 놀고먹는 사람이 많은 현상을 실학자들이 크게 우려한 것이지만, 그것은 결국 생산력이 떨어져 일차적으로 백성들이 살기가 어렵게 되고, 결국은 나라가 가난해져 망국으로 가는 길이 됩니다. 오늘날도 놀고먹는 사람이 참 많은데, 이것을 역사의 교훈으로 삼아야 할 것입니다.

직업에는 정말 귀천이 없을까?

학교에서 보통 학생들에게 '직업에는 귀천(貴賤)이 없다'고 가르칩니다. 선진국 사람들이 대개 그렇게 생각하고 있기 때문이기도 하고, 모든 사람들이 법 앞에 평등하다고 말하는 경우처럼 국민 교육의 입장에서 그렇게 말하는 것이 당연하기 때문입니다.

답부터 말하면 모든 사람이 법 앞에 평등하지 않듯이 직업에도 귀천이 분명히 있습니다. 그렇지 않다면 좋은 직업을 갖기 위해서 왜 그렇게 경쟁을 하겠습니까? 좋은 대학을 가고자 하는 것도 다 그 때문이 아닙니까? 왜 고등학교 졸업생들이 이공계를 기피하고 인문계로 진학하려고 합니까? 왜 초등학교부터 외국에서 공부해야 한답시고 불법 유학을 마다하지 않습니까? 특수

목적고 입시 경쟁은 또 무엇으로 설명하겠습니까?

이런 현상은 현실 세계에서 모든 사람이 법 앞에 평등하지 않듯이 직업에 귀천이 있기 때문이 아니겠어요? 귀한 직업이란 결국 돈 많이 버는 직업일 테고, 그것도 일 적게 하는 직업일 테지요. 일은 적게 하고 돈은 많이 번다? 그런 직업이 도대체 어떤 것일까요?

그런데 법 앞에 평등하지 않다는 것과 직업의 귀천이 무슨 상관이 있나요? 사실 모든 사람이 법 앞에 평등하다고 되어 있지만, 현실은 전혀 다릅니다. 억울한 일을 당해도 돈이 없어 변호사 비용을 댈 수 없으면, 재판에 이길 수도 없고 그냥 당하고 마는 것입니다. 반면에 큰 죄를 짓고도 돈이 많다면 유능한(?) 변호사 덕분에 죄를 가볍게 하거나 이 핑계 저 핑계 대고 보석으로 풀려나는 경우가 허다합니다. 이게 어디 평등한 사회입니까? 누군가 말했듯이 유전무죄(有錢無罪) 무전유죄(無錢有罪)이지요. 이런 말을 하면 법조계에 속한 사람들이 기분이 상하겠지만, 이것은 비단 그 분야만이 아니라 우리나라 곳곳에 있는 암과 같은 현상으로 존재합니다. 우리 국민들의 생각이 깨어나지 않으면 큰일입니다.

마찬가지로 일 적게 하고 돈 많이 버는 직업은 있다면 아무나 되는 것이 아니지요. 그런 사람이 되기 위해 투자를 해야 한다 이 말입니다. 그러니 아무나 투자를 할 수 있는 것이 아니지요. 돈 없고 능력 없는 사람은 어쩔 수 없이 천한 직업에 종사할 수밖에 없잖아요? 힘 많이 들고 돈 적게 버는 직업 말입니다.

정말이지 누가 직업에는 귀천이 없다고 말했는지 알고 싶습니다. 귀천을 의식하지 않고 직업을 가질 수 있는 사람은 극소수일 것입니다. 그런 사람은 된 사람입니다. 어디에 가든 꿀리지 않습니다. 이른바 높은 데도 낮은 데도 처할 수 있는 사람이지요. 찾아보세요. 정신적으로나 도덕적으로 높은 위치에 있으면서도 남들이 천한 일이라 기피하는 일을 하는 사람들 말입니다.

정말 좋은 직업은 있을까?

많은 학부모들이 앞 다투어 자기 자녀들을 좋은 학교에 보내려고 하는 것은 자기 자녀들이 나중에 좋은 직업을 갖게 되기를 바라기 때문입니다. 자식을 둔 부모 입장에서 볼 때 충분히 이해가 됩니다.

그런데 문제는 정작 그런 직업이 무엇이냐 하면, 단지 몇 가지로 압축될 뿐입니다. 자신들이 되고 싶었던 직업에 한정되지요. 이른바 '사' 자 돌림의 직업입니다. 의사, 검사, 판사, 변호사가 그것이지요. 교사는 사 자가 붙어도 거기에 끼지 못합니다. 또 '사' 자는 없지만 교수, 예술가 등이 그것입니다. 이런 직업이 다 좋다고 생각하겠지요.

그러나 따져봅시다. 의사는 병균이 득실거리는 환자의 환부를 평생 바라보고 냄새 맡으며 살아야 합니다. 검사는 늘 범죄와 관련된 사람과 입씨름하며 살아야 합니다. 판사요? 아무리 공정하게 판결했다고 자부해도, 언제나 자신의 판결에 대해서 불만을 품은 사람들을 의식하며 살아야 하지요. 변호사는 그렇지 않다고요? 변호사는 그야말로 손님이 있어야 먹고 살고 돈도 법니다. 인기 있는 변호사가 아니라면 생각보다 화려한 직업이 아닙니다. 회사원처럼 월급 받고 생활하는 변호사들 많습니다. 아, 그럼 교수가 좋겠네요? 그런가요? 하지만 교수는 평생 책과 씨름하고 살아야 할 운명입니다. 빈둥빈둥 놀면서 연구하지 않는 교수는 교수답지 않을뿐더러 대학에서 그 자리를 유지하기조차도 쉽지 않습니다. 다행이 요령을 피워 겨우 자리를 유지하더라도 학생들에게 인기가 없습니다. 공부를 좋아하지 않는다면 교수될 생각 꿈도 꾸지 마십시오. 아! 최종적으로 볼 때 예술가나 연예인이면 참 좋겠다고 생각할 것입니다. 천만의 말씀입니다. 대중의 인기가 없다면 한순간에 별 볼 일 없는 사람이 되는 것이 연예인이나 예술가의 생리입니다. 다행이 잘 나갈 때 돈이라도 모아놓은 것이 있다면, 나중에 나이 들어 조그만 가게나 차려서 겨우 밥이나 먹고 살겠지요.

그럼 교사라는 직업은 어떤가?

그런데 요즘 취직이 힘들고 일반 직장의 정년이 짧다보니 은근히 교사를 매력적으로 보는 사람들이 많습니다. 교육대학교에 가면 다른 학교를 다니다가 온 꽤 나이든 학생들을 볼 수 있는데, 바로 그것을 반증합니다. 정년이 62세까지 보장되지, 방학 있지, 출퇴근 정확하지, 충분히 매력이 있어보입니다. 적어도 밖에서 볼 때는 그렇습니다.

그렇게 생각하는 사람들 제 말을 잘 들어보세요. 제가 교사이니까 내부 사정을 좀 이야기하지요.

우선 교사들의 대우는 공무원과 비슷합니다. 국립이나 공립학교 교사는 공무원이고, 사립학교 교사는 공무원은 아니지만 대우는 공무원과 같이 해줍니다. 그 말은 월급이 그리 많지 않다는 점입니다. 요즘 워낙 취직이 안 되고 비정규직이 늘어나서 많아보일지 모르겠지만, 저의 청년 시절에는 월급 작다고 교사생활 그만두고 회사에 취직한 친구들이 대부분이었습니다. 어쨌든 필자는 맞벌이 부부가 아니니까 혼자 벌어서 순수하게 월급을 저축하여 서울 변두리에 단지 내 아파트가 아닌 단독 30평형대 아파트를 하나 장만하는 데 거의 25년이 걸렸습니다. 일반 공무원들도 혼자 벌어 월급만 받아서 생활한다면 그럴 것입니다. 공무원이나 교사 생활 겨우 몇 년 남짓해서 특별한 사유 없이 큰집이나 많은 재산을 가졌다면 무언가 있을 것입니다. 많은 유산을 받았든지, 돈을 투자하는 특별한 재능이 있든지, 그것이 아니라면 결코 재산 많은 것을 자랑해서는 안 됩니다. 그리 칭찬받을 일이 못 되거든요.

아무튼 교사는 공무원과 마찬가지로 돈 많이 버는 직업은 확실히 아닙니다. 그 다음으로 학생들 가르치는 것 역시 만만하지 않습니다. 교육대학에서 가르치는 것 가지고 실제로 교육하는 데 큰 도움이 되지 않습니다. 아마 대학에서 교수들이 열심히 가르쳤겠지만, 학생들이 진지하게 공부하지 않았거나 실제로 실습을 많이 못했기 때문에, 첫 발령을 받아 근무하게 되면 아이들을 관리하는 데 어려움이 이만저만이 아닙니다. 옛날에는 그래도 아이들이 말을 안 들으면 체벌이라는 것이 사회적으로 용납되어서 그걸로 통제했지만, 요즘 그거 안 됩니다. 경력 30년이 된 필자의 경우도 아이들 관리하는 데 혀를 내두를 정도이니까요. 요즘 '초딩'들을 우습게보면 절대로 안 됩니다.

그뿐이 아니지요. 학부모 상대하는 것, 그 자체도 초년 교사들에게는 낯설고 힘든 일입니다. 학부모들의 교양이 사람에 따라 천차만별이기 때문에 요구 사항도 많고 황당한 일을 겪는 것도 다반수입니다. 아마 여러분들이 텔레비전이나 인터넷 뉴스에서 보셨겠지만, 조금만 섭섭하면 학교에 '쳐들어와' 소란피우는 사람 어쩌다 있습니다. 게다가 촌지나 선물을 건네주면 그거 안 받거나 돌려주어야 하니 그것도 절대로 쉬운 일 아닙니다. 혹 받는 사람이 있는지 모르겠으나 안 받는 것이 교사 생활 오래하는 데 지장 없습니다. 받으면 촌지 교사라 소문나고 절대로 생활이 평탄하지 않습니다.

그러나 아직 그 어려움을 절반도 다 말하지 못했습니다. 인내심을 가지고 들어보세요. 교사가 해야 할 일을 열거해볼까요? 이건 절대로 잡무가 아니에요. 우선 1년 동안 배울 학급 교육 과정을 작성해야 합니다. 보직에 따라서는 학교 교육 과정과 학년 교육 과정도 작성하지요. 초등학교의 경우 과목이 적게는 7개에서 많게는 12개까지 되니까, 각 교과를 1년 단위로 계획을 세워야 합니다. 그리고는 매주 차시별로 교육 내용을 작성합니다. 초등학교 6학년이 주당 32시간, 1학년은 25시간, 그러니까 가장 적게 수업하는 교사가 주당 25시간인데, 한 시간도 반복되는 것이 없습니다. 중고등학교와는 달리 모두 1회용 수업이지요. 그러면 그걸 가지고 주당 32시간에서 25시간까지 수업을 해야 합니다. 교과 전담 교사가 있기 때문에 요즘은 28시간에서 25시간까지 합니다만, 수업 자체도 힘든 노동입니다. 아이들이 한시도 가만히 앉아서 얌전하게 수업에 임하지 못하거든요. 교사가 철저하게 수업 시나리오를 작성하여 하지 않는다면, 수업하기 정말로 힘들어집니다. 대충대충 하다가는 큰일 납니다. 우선 아이들이 떠들고 아우성이고, 집에서 바라보는 학부모들도 종내에는 다 알게 됩니다. 그리고 금세 실력 없는 교사라는 소문이 동네에 쫙 퍼집니다. 그래서 하루에 6교시 꼬박 성실하게 수업하고 나면 파김치가 됩니다.

이제 이걸로 다 되었다고 생각하지 마십시오. 다음에는 수업을 했으니까 평가를 해야 하지 않겠어요? 시험 말입니다. 시험을 중간고사, 기말고사 해서 한 학기에 두 번만 보고 끝난다고 생각하면 오산입니다. 그것 외에 수행 평가라고 해서 수시로 해야 합니다. 한 과목당 평균 6개 정도의 영역이 있으니까 평균 10과목의 평가를 한다면 60개 영역의 평가를 해주어야 합니다. 그러나 수행 평가가 1회 평가만으로 끝나는 것이 아니기 때문에 적어도 120회 이상의 수행 평가를 실시하게 됩니다. 그리고 학기 중간이나 학기 말에 보는 중간, 기말 고사는 따로 성취도 평가라고 부르지만 출제가 매우 힘들고 채점도 적어도 일주일 걸립니다. 이런 평가 계획을 학기 초에 다 세워야 하고, 평가할 때마다 일일이 기록해야 합니다. 물론 수시로 그것을 정리하여 'NEIS'라는 교무학사시스템에 입력하고, 따로 통지표를 만들어 그 내용을 가정에 통지하는 것입니다. 학년 말에는 거의 한 달 동안 학생생활기록부(일명 학생부)에 1년 동안의 학생의 모든 발달 상황을 기록하게 됩니다.

이것으로 교사의 업무를 다 설명한 것이 결코 아닙니다. 아직도 잡무를 얘기하려면 멀었습니다. 문제를 일으키거나 문제가 있는 학생, 피해를 당한 학생과 상담하고 학부모와 협의해야 합니다. 그리고는 상담록에 기록해야지요. 게다가 학생의 건강과 질병, 예방 접종, 각종 검사, 신체 발달 상황을 건강기록부에 다 입력해야 하는데, 그 일도 결코 만만하지 않습니다.

그 다음에는 각종 학교 행사가 있습니다. 각종 대회, 학예회, 예술제, 수련회, 운동회, 체험 학습(소풍) 등을 구체적으로 계획을 세워 학교장 결재를 받아 시행하고, 가정 통신 보내서 시작과 결과를 알립니다. 그럼 그것으로 끝나는 줄 아세요? 아니죠. 계획하고 실행하고 결과를 처리하는데, 장부 기록하고 상장 만들고 시상식까지 하고 여하튼 엄청난 노력과 힘이 듭니다.

그 다음에 아동 전입학 사무가 있는데 매우 복잡합니다. 오프라인과 온라인을 동시에 가동시켜 처리하고, 신입생 입학 사무, 졸업생 졸업 사무 등 말처럼 간단하고 쉽지 않습니다. 요즘에는 그것이 국제적으로 어학 연수다 뭐다 왔다 갔다 해서 정신이 없습니다. 서울 강남의 모 학교에서는 한 반에 거의 절반 가까이 그 일로 들쑥날쑥하답니다. 아마도 출석부가 걸레가 되었겠지요. 그 복잡한 절차 다 생략하겠습니다. 지금 학교는 공식적으로 세 개의 컴퓨터 시스템을 가동하고 있습니다. 그러니 마우스 잡는 오른 손이 마비가 될 지경입니다.

이제 교사 개개인에게 부여되는 사무가 또 있습니다. 이것은 행정 사무와 학교 업무에 관련된 것인데, 일반 행정 업무의 상당 부분을 교사들이 합니다. 왜냐하면 초등학교에는 9급 이상 일반직 공무원은 단 1명, 나머지 기능직 몇 명이 있지만, 그 분들도 할 일이 산더미 같아서 일부 업무를 교사들이 맡지 않으면 교육 행정이 마비됩니다. 그 자세한 내용은 다음에 정리한 예시 내용을 참고하기 바랍니다. 물론 필자가 근무하는 학교의 내용이지만, 아마도 대한민국 모든 학교가 대동소이할 것입니다. 필자가 소속한 학교는 현재 교사 수가 34명이니까 수업 외에 이것을 다 나누어 맡아서 합니다. 그러니까 학교에서 수업만 잘하면 모든 것이 오케이라는 생각은 참으로 학교 사정을 잘 모르는 것입니다. 왜 교사들이 수업에 전념할 수 없는지 심각하게 생각해보기 바랍니다.

다음의 예시에 있는 많은 업무 가운데 일례로 '특기·적성' 교육을 말해보겠습니다. 특기·적성 교육은 사교육비를 절감하기 위해 실시되는 방과 후 교육입니다. 그 업무를 대개 교사 한 명이 담당하는데, 강사를 섭외하고, 학생을 모집하고, 강의 장소를 배당하고, 시간표를 짜고, 전·출입생의 수강료를 처리하고, 강사비를 기안하고, 설문지를 만들어 만족도를 조사하고, 운영 위원회의 심의 자료를 만들고, 공개 수업을 계획하는 것 등이 그 업무입니다.

이것을 담당하는 교사는 물론 자기 반 수업을 하면서 관리해야 하는데, 이 모든 일을 수업이 끝난 뒤에 처리해야 합니다. 그러니까 이 일을 맡은 교사는 혼자서 종합 학원을 운영한다고 생각하면 되겠습니다. 다른 교사들은 또 다른 업무가 있기 때문에 이 일을 맡은 교사에게 도움을 줄 수도 없답니다.

■[예시 : 초등학교 교사들의 수업 외 업무 내용]
교무 기획 : 각종 행사, 학급 편성, 시상, 학급 임원 선출, 학적, 각종 장부 관리, 학교 공동체, 통계, 혁신 업무, 기타.

학부모회 : 학부모회 조직 운영.

어머니회 : 어머니회 조직 운영.

명예교사회 : 명예교사회 조직 운영, 학교 앨범 정리.

어린이회 : 전교어린이회 임원 선출, 전교어린이회 개최.

홍보 : 학교 홍보 자료 제작, 환경 정리, 시청각실 관리, 명예의 전당.

게시 교육 : 게시 업무.

신문 : 교육 통신, 학교 소식지, 어린이신문.

교육 과정 편성 운영 : 동료 장학, 학력 신장, 수업 공개, 특수 교육, 연수, 주5
일수업제, 체험 학습, 재량 활동, 기타.

평가 : 학력 평가, 진단 평가, 수행 평가, 각종 경시 대회, 부진아 지도.

독서 교육 : 도서실, 독서 인증, 독서 행사, 문예 교육.

외국어 교육 : 영어 교육.

도서계 : 학생용 교과서, 교사용 도서, 장학 자료.

과학 · 정보 교육 기획 : 과학 교육 기획, 과학실, 자료실 운영, 과학 행사, 학습
준비물 경감, 학습 자료 선정, 검수, 정보 교육 기획, 정보화 기기 관리,
기타.

방송 : 방송실 운영, 학교 방송, 시청각 기자재 관리.

수목 관리 : 교재원 관리.

학습 자료 : 학습 자료, 자료제작실 관리.

과학 동아리 : 과학 동아리 조직 운영(발명반).

환경 교육 : 환경 교육, 청소 업무.

컴퓨터 교육 : 컴퓨터 교육, 컴퓨터실 운영, 컴퓨터 인증, ICT 활용 교육.

NEIS 운영 : NEIS, 교무업무시스템.

홈페이지 관리 : 홈페이지 관리, 교수학습지원센터.

특별 활동 교육 기획 : 특활 교육 기획, 부서 활동, 방과 후 활동, 기타.

특기 적성 교육 : 특기 적성 교육 활동, 방과 후 교실 운영.

음악 교육 : 음악 교육, 합창, 관현악 지도, 음악실 관리.

미술 교육 : 미술 교육, 행사, 서예.

풍물반 지도 : 풍물반 운영.

체육 교육 기획 : 체육 교육 기획, 수련 활동, 평생 교육, 종합학습관 관리.

무용 지도 : 무용 지도, 줄넘기 지도 및 인증, 음악줄넘기, 체력인증제.

운동 지도 : 육상 및 종목별 지도, 각종 대회 참가.

체육 자료 : 체육 자료 관리(체육자료실, 종합학습관, 민속놀이자료실, 본관4층 계단).

걸스카우트 : 걸스카우트 운영.

보건 교육 : 보건 교육, 성 교육, 흡연 예방 교육, 보건실, 교직원 식당 관리.

생활 지도 기획 : 생활 지도 기획, 인성 교육, 유해 환경, 폭력 예방, 양성 평등 교육, 안전 교육, 교육 복지, 기타.

진로 · 상담 · 예절 교육 : 진로, 상담, 예절 교육.

경제 교육 : 경제 교육, 이웃돕기.

봉사 · 경로 교육 : 봉사 활동, 경로 교육(노인정 방문).

교통 안전 : 녹색어머니회 운영, 교통 안전, 어린이경찰.

통일 교육 : 통일 교육.

소방 교육 : 소방 교육, 어린이소방대.

(*위의 자료는 행정실과 교장 · 교감의 업무를 제외한 순수한 교사들의 업무임. **진한 글씨**는 부장들의 업무.)

그런데 필자는 경력이 좀 있다고 부장을 맡고 있습니다. 부장이란 특별한 지위가 있는 것이 아니고, 직급은 그냥 교사로서 단지 보직에 불과한 직책입니다. 직책 수당은 월 7만 원이며, 다만 승진을 위한 가산점이라는 게 있습니다. 돈 적게 들이고 사람 부려먹는 기막힌 발상이지요. 만약 승진에 뜻이 없는 경우라면 부장을 안 하려고 합니다. 저는 승진에는 뜻이 없지만 부장 희망자가 없을 때는 누군가 이 일을 해야 하고, 경력이 많은 저 같은 사람이 열심히 도와야 다른 선생님들이 편안하게 교육 활동에 전념할 수 있기 때문에 합니다. 하지만 교원 평가가 본격적으로 도입되면

저 역시 부장을 그만둘 것입니다. 조금이라도 학급 학생들 지도하는 데 방해가 되어서도 안 되겠고, 그 일 때문에 학급 일을 소홀히 할 것이라는 학부모들의 우려를 잠재우기 위해서이기도 합니다. 그땐 저도 저의 '지역구(학급)'를 잘 관리해야 하니까요.

제가 하는 일은 그야말로 교육 행정의 일과 잡무가 뒤섞여 있습니다. 우선 학교의 연간 운영 계획, 이것을 학교 교육 과정이라 부릅니다만, 이것을 작성하는 데 관여합니다. 몇 백 페이지가 되는 방대한 자료를 관리하고 다음 연도를 위해 작성해야 합니다. 물론 교사들의 협의를 거쳐서 말입니다. 그 협의 절차나 방식을 미리 계획하고 세워야 하지요. 그 다음 제게 맡겨진 학교의 행사를 미리 계획을 세워서 실행해야 합니다. 예산이 드는 것은 지출 계획까지 세워서 하는데, 사전에 학부모의 동의를 받고, 사후에 결산 보고까지 합니다. 이것을 모두 전자 문서로 계획하고 실행합니다. 학교의 컴퓨터가 최신 것이 아니기 때문에 중간에 멈춰버리는 경우가 다반사라 이때는 짜증나고 머리가 돕니다. 게다가 매일 학교에서 해야 할 일을 하루 전에 목록을 작성하고 다음날 게시해야 하며, 또 전자 문서에 올려서 결재를 받아야 합니다. 날마다 들어오는 해당되는 공문을 전자 문서에서 확인해야 하며 보고할 것을 기록하고, 나머지 것은 편철함에 저장해 두어야 합니다. 그리고 각종 장부를 관리합니다.

더욱 신경 쓰게 하는 것은 수업 중간에 보고하라는 공문이 옵니다. 가장 힘든 것은 12시까지 또는 몇 시까지 보고하라는 등의 시간을 정해놓고 오는 공문입니다. 이런 것들은 대개 아무개 국회의원, 아무개 시의원, 아무개 교육위원들이 자료를 요구해서

내려오는 것들이지요. 그럴 때면 수업 팽개치고 해야 할 때가 많습니다. 대부분 수업 때문에 배짱 있게 시간을 어기기도 하지 만 말입니다.

그런데 공문 가운데는 서류 창고에서 몇 년 치 서류를 다 꺼내서 조사해야 하는 것도 있고, 방학 중이라도 이런 공문 오면 학교에 나가서 보고해야 합니다. 그러니까 비중 있는 부장 정도 되면 방학의 절반 이상은 학교에 나가야 합니다.

제발 국회의원, 시위원, 교육위원님들 그런 공문 내려보내면 2세 교육에 막대한 지장이 있다는 것 알아주시면 고맙겠습니다.

자, 이것으로 끝났냐고요? 아닙니다. 그 다음에는 각종 위원회의 회의입니다. 대개 모든 학교가 무슨 무슨 위원회나 모임이 10개가 넘습니다. 그 많은 위원회나 모임에서 회의하고 결정하거나 심의하다보면 진이 빠집니다.

거기다가 학부모나 교사들을 상대로 하는 공개 수업이 있고, 장학을 받아야 하고, 연수도 해야 할라치면 시간이 턱없이 부족합니다만, 어쩌겠습니까? 그래도 다합니다. 수업 공개는 학부모에게 하기도 하고 교사들에게 하기도 합니다. 경우에 따라서는 전국 교사에게 때로는 그 지역 교사들에게 하기도 합니다. 자신의 수업을 공개적으로 남에게 보인다는 것은 마치 연기자가 시청자나 관람자 앞에서 연기를 하는 것과 흡사합니다. 철저하게 연구하고 준비해야 합니다. 그래도 안심할 수 없는 것은 수업에 참여하는 학생들의 반응이나 태도인데, 아이들이 어떻게 변할지 모르기 때문에 이것까지 감안해서 준비해야 합니다.

장학이라는 것은 단위 학교에서 자율적으로 하는 것도 있지만, 교육청에서 장학사나 장학관이 직접 학교에 와서 확인하거나 현장의 목소리를 듣는 활동도 포함됩니다. 그것에는 표집 장학, 담임 장학, 종합 장학 등이 있는데, 대다수의 학교에서는 무척 신경을 씁니다. 국가나 시도교육청 시책이 잘 반영되어 운영되고 있는지, 학교 교육 과정이 정상적으로 운영되고 있는지 확인하는 절차도 있기 때문입니다. 그리고 특히 장학 결과는 교감이 교장으로 승진하는 고과 점수와 직결되기 때문에 교감이 중심이 되어 열심히 준비하지 않으면 안 됩니다. 또 부장들의 고과 점수 절반은 교감이 쥐고 있기 때문에 부장들도 열심히 참여해야 합니다. 그러면 당연히 모든 교사들이 참여하게 됩니다. 그래서 이 장학을 대비하는 것도 중요한 일이 되었습니다.

연수는 작게는 15시간에서 60시간짜리가 보통인데, 그래도 비중 있는 30시간이나 60시간짜리 연수를 받으려면 방학 시간을 투자해야 합니다. 그리고 연수 점수는 승진을 위한 가산점으로도 활용되며, 또 의무적으로 몇 학점 이상 이수해야 하기 때문에 결코 소홀히 할 수 없는 일입니다. 그 외 학기 중간에 강사를 초빙하여 학교에서 연수를 받는 것도 수차례 있고, 또 현장에 나가서 받는 연수와 다른 학교의 수업 공개를 참관하여 받는 연수를 합친다면 헤아릴 수 없이 많습니다.

또 작년 2006년도는 학교 평가라는 것이 있어 한 달 내내 그것 준비하느라고 고생했습니다. 평가 결과가 결국 그 학교의 교육의 질과 관계되므로, 평가 결과가 나쁜 학교는 불이익을 주기 때문에 열심히 준비합니다. 그리고 교육부나 시도교육청에서 지정하는 무슨 연구 학교나 시범 학교라도 된다면 그야말로 더 바쁘겠지요.

그렇다면 방학이 있지 않느냐고 하실 것입니다. 심지어 방학 때 노니까 교사들에게 월급을 주지 말자고 주장하는 사람도 있습니다. 아마 방학을 노는 것으로 아시는 분들께서는 제 말을 믿지 않으시겠지만, 방학 때에는 각종 연수가 무척 많고, 업무 처리해야 할 것도 있습니다. 물론 한 달 내내 받는 연수도 있지만, 짧게는 며칠 길게는 열흘 넘게 받는데, 그것은 어떤 기관에 가서 받는 것을 말합니다. 나머지는 자기 연수인데, 교육 방법을 연구하거나 교양 서적을 읽거나 체력 단련 등을 합니다.

교사들에게는 가르치는 것 못지않게 연수가 생명입니다. 아이들에게 새로운 것을 가르치려면 이런 기회가 많아야 합니다. 교사들이 놀아도 그냥 노는 것이 아닌 이유가 바로 여기에 있습니다. 만약 적절한 연수가 없다면 어린 생명과 영혼을 살찌우게 하는 교사의 상상력과 창의력 그리고 훌륭한 인격은 메말라 아이들에게 감동을 줄 수가 없겠지요. 교수들은 교사들보다 더 많은 연구 시간이나 연수가 필요해서 방학이 그렇게 길어도 입을 다물다가도 교사들에게 유독 그렇게 박하게 대하는지 모르겠습니다만, 아마도 교사들은 공부하지 않아도 누구나 할 수 있는 직업이라고 판단해서 그러는지 모르겠습니다.

그런 당신이 언제 시간이 있어서 이런 책을 다 쓰느냐고 반문하겠지요? 맞습니다. 그러나 저의 한 시간은 보통 사람의 서너 시간에 해당됩니다. 압축된 시간입니다. 집에서도 그렇고 학교에서도 그렇고 식사 후에도 쉬지 않습니다. 사색은 어디서나 할 수 있기 때문입니다. 학교에서는 물론 학교 일, 집에서는 개인

일을 합니다만, 현재 시각도 밤 11시 12분이듯이 밤늦게까지 작업합니다. 그리고 직장에서 집까지 다니는 시간이 15분밖에 안 걸리니까 그 시간을 이용하는 것이지요. 하루 평균 세 시간을 출퇴근하는 데 쓰는 사람과 비교한다면 적어도 두 시간 30분은 활용할 수 있지요. 술 거의 마시지 않고, 담배 안 피우고, 특별한 일이 아니면 가능한 한 사람 안 만나며, 불필요한 일 안 하고, 시간을 질적으로 관리하는 것, 그것이 제가 이 같은 책을 쓰는 비결입니다.

그 비법 가운데 하나는 일을 머릿속에서 먼저 진행합니다. 생각하는 것이야 몸이 어디에 있든 문제될 것은 없지 않습니까? 아이들 가르치는 시간이나 일에 집중하는 시간을 제외하고 모두 생각할 수 있는 시간들입니다. 잠 잘 때 빼고는 다 생각할 수 있지요. 하긴 어떤 때는 꿈속에서도 생각하다가 좋은 결실을 맺기도 합니다. 그런 다음 글로 옮기는 것은 타자치는 속도에 맡겨버립니다. 이해하시겠습니까?

말이 곁길로 샜습니다만, 어쨌든 교사라는 직업은 겉으로 보이는 것보다 힘든 직업인 것은 확실합니다. 이런 사정을 다 알고 교사 시작하면 마음의 준비가 된 것입니다. 이런 것을 모르고 교사를 시작한 사람들은 대개 당황하게 됩니다.

힘들지 않은 직업 가진 사람 나와보라고 해

필자가 이렇게 장황하게 말한 것은 교사라는 직업만 힘들다고 말하려는 것이 결코 아닙니다. 어떤 직업이든 거기서 제대로 일한다면 힘들지 않은 것이 없습니다. 여러분의 아버지나 어머니가 일정한 직업을 갖고 있다면 교사 못지않게 힘들게 일하고 있을 것입니다. 그러니 그 분들의 고마움의 십분의 일이라도 알아주어야 합니다.

그러니까 어떤 직업이 좋아보이니까 섣불리 택하지 말라고 말하기 위해서 이렇게 말이 길어졌습니다. 이 세상에 힘들지 않은 직업 어디에 있겠습니까? 요령 피우지 않고 성실하게 일한다면 말입니다. 따라서 여러분은 어떤 직업을 택할지 진정으로 고민해야 합니다. 단지 인기가 있다고 택했다간 큰 코 닥칩니다. 여러분들이 자라서는 그 직업이 인기 없는 직업이 될지도 모르니까요.

문제는 내가 무엇을 좋아하느냐, 무엇에 질리지 않고 끊임없이 열정을 보이며 할 수 있느냐를 발견해야 합니다. 필자의 견해로는 고등학교까지 그것을 탐색하는 기간으로 보면 좋겠습니다. 그것이 잘 안 되니까 대학에 가서 전과하거나 재수하고, 그것도 아니면 대학 졸업 후에 다시 대학에 다녀서 직업을 바꾸는 경우가 있는데, 얼마나 시간 낭비입니까?

부모님이 하라고 했으니까, 어릴 때 꿈이 그러니까 직업을 택하는 것만큼 어리석은 일도 없습니다. 여러분 자신이 어느 정도 자랐을 때 스스로 판단해서 결정할 문제인 것입니다. 꼭 참고해야 할 것은 이 세상 어느 직업도 장점이 있으면 단점도 있다는 것입니다. 마냥 좋기만 한 직업은 하나도 없다는 것입니다. 오죽했으면 거지도 좋은 직업이라고 만족했답니다.

한 번은 아빠 거지와 아들 거지가 다리 밑에서 쉬고 있는데, 어느 집에 불이 나자 소방차가 소리를 내며 지나갔습니다. 그때 아빠 거지가 아들 거지에게 하는 말, "야, 임마. 이 애비 잘 둔 덕인 줄 알아. 우리는 저렇게 불에 탈 집이 없어서 얼마나 좋으냐?"라고 했다는데, 좋은 직업이란 마음먹기에 달렸다고 생각하게 하는 말이지요.

이왕 말이 나왔으니 거지가 좋은 직업이 되는 이유나 들어보고 웃어나 보지요. 첫째, 출퇴근이 자유롭다. 둘째, 윗사람 눈치 볼 필요 없다. 셋째, 정년이 없다. 넷째, 투자 비용이 전혀 안 든다. 다섯째, 한 번 들어서면 절대로 놓지 못한다. 여섯째, 세금이 전혀 없다. 일곱째, 잘만 하면 나라에서 돈이 나온다. 여덟째, 되기는 어려워도 한 번 되면 절대로 놓지 않는다. 더 있지만 이것으로 끝내겠습니다.

놀고먹는 자들의 정체

놀고먹는 사람은 어떤 사람일까요? 일을 하고 싶어도 일자리가 없어서 어쩔 수 없이 놀고먹는 사람은 제외하겠습니다. 놀고먹는 자는, 진정한 의미로 마음만 먹으면 일할 수도 있고 일자리도 구할 수 있는데도 노는 사람을 말하고자 합니다. 가진 것이 많아서 일할 필요조차도 없는 사람을 말합니다.

자, 우리 사회에 이런 사람이 누군지 알아봅시다. 우선 부모의 유산을 많이 받아 일할 필요조차 느끼지 못하면서 노는 사람입니다. 또 이런 경우도 있지요. 조상이 물려준 땅이 갑자기 개발되는 바람에 졸지에 땅값이 올라 부자가 된 사람도 있지요. 이 경우에도 노는 사람이 있을 수 있습니다. 만약 이런 사람들 일하지 않는다면 언젠가는 그 유산이 바닥나겠지요. 그 자신이 아니면 자식이나 손자 대에 가서라도 말입니다.

그 다음으로 노는 사람은 부모에게 얹혀사는 사람입니다. 부모가 먹여주고 재워주고 용돈까지 주니 일할 필요가 없습니다. 이 사람도 나중에 부모가 죽으면서 유산을 물려주면 앞의 사람처럼 되겠지요.

또 투기로 부자가 된 사람도 놀고먹을 것입니다. 땅이나 아파트 투기를 해서 많이 벌었으니 일할 필요가 없겠지요. 이런 사람들은 한 해 아니면 몇 해 만에 한두 건만 투기를 해서 수억 또는 수십억 벌어놓고 그냥 놉니다.

그리고 돈이 많아 가게나 회사를 차려놓고 다른 사람에게 일을 시키며 노는 사람도 있을 것입니다. 이런 사람은 자기가 감독을 제대로 하지 않으면 종업원들이 대충대충 일해서 망할 수도 있습니다. 조심해야 합니다.

그런데 가장 이상한 것은 일정한 직업도 없는데, 아니 직업이 있더라도 돈 버는 직업이 아닌데 떵떵거리며 사는 사람도 있습니다. 일부 정치인 가운데 이런 사람들이 있습니다. 아마 몰래 땅 투기를 했는지 모릅니다.

마지막으로 이런 사람도 있겠지요. 한때 잘나갈 때 많이 벌어두었다가 그 돈으로 여유 있게 놀면서 사는 사람 말입니다. 연예인이나 기업가 출신 가운데 이런 사람들이 많습니다.

어차피 우리나라는 자본주의적 생산 양식을 채택하고 있느니만큼 자신이 열심히 돈을 번 다음에 편안하게 놀면서 사는 것을 탓할 일은 못 됩니다. 그래서 다 열심히 일하지 않겠어요?

문제는 아파트나 땅 투기를 이런 식으로 두면 나라 전체가 심각한 위기에 빠진다는 사실입니다. 지금 아파트 값이 하늘 무서운 줄 모르고 치솟고, 신도시니 뭐니 개발한다고 하면 그 주변 지역에 전국 투기꾼들이 똥파리처럼 모여들고, 온 국민이 한탕주의에 빠져 살아가기 힘든 사회가 된다는 점 말입니다.

왜 아파트나 부동산 투기가 나쁘냐 하면, 우선 이것은 놀음판과 같이 돈 놓고 돈 먹기 식이 되어버리는데, 그 와중에 땅값이나 아파트 값이 치솟아 결국은 돈 없는 서민이나 젊은이들이 자기 집을 마련하기 힘들게 만들기 때문입니다. 이렇게 되면 결국 가진 자들이 없는 자들의 미래를 불행하게 만들어버리는 결과를 초래하고, 그래서 가난이나 부가 대물림되어 나라 전체를 극도로 불안하게 만들어버립니다. 고려 말이나 조선 말도 따지고 보면 나라의 부가 일부 귀족들에게 쏠리면서 민중은 가난에 허덕이고 그로 인해 국가 재정은 파탄에 이르게 되어 나라가 망한 것이 아닙니까?

이 참에 한 가지 더 말하고 싶은 것은, 유산에 대한 상속 세율을 높여서 부가 대물림되는 것을 막아 사회에 환원시켜야 하고, 그나마 현행법으로도 상속세를 제대로 받았으면 좋겠습니다. 편법 상속을 말하는 것입니다.

다음으로 부동산 투기가 나쁜 이유는 그것이 사회의 도덕적 기반을 무너뜨리기 때문입니다. 가진 것은 없지만 성실하고 열심히 일하는 사람이 손해보고, 단지 가진 것이 많아 빈둥빈둥 놀면서도 열심히 일한 사람의 몇 년 치 수입보다 나은 돈을 번다면, 누가 열심히 일하려고 하겠습니까? 어떻게 해서든 기회를 엿보아 수단과 방법을 가리지 않고 투기에 가담하지 않겠습니까? 결국 온 나라가 투기꾼의 도박장이 되고 마는 것이며 종국에 가서는 사회 질서가 무너지고 마는 것입니다.

끝으로 인간이나 사회의 가치를 돈으로 환산하는 세태가 만연하게 됩니다. 인류 문화에는 돈으로 따질 수 없는 고귀한 가치들이 많습니다. 그것들은 우리들의 삶을 의미 있게 만들어주고 위안과 안식과 평안을 줄 뿐만 아니라 미래의 비전을 제시하기도 하는데, 돈만 아는 사회는 이런 것들을 무가치하게 만듭니다. 속물적 근성에 찌든 인간들만 사는 사회가 되는 것이지요. 바로 오늘날 우리 사회의 경제지상주의, 신자유주의, 기업 식 국가 경영을 우선시하는 사회 풍토가 그것을 조장하고 있지요. 언젠가는 이 풍조의 후유증이 크게 나타날 것입니다. 대가를 톡톡히 치를 준비를 해야 하겠지요.

여자가 더 많이 배워야 한다

조선시대에는 여성들을 사회적 활동이나 정치에서 배제시켰기 때문에 공식적으로 교육을 시키지 않았습니다. 대신 집안의 어른들, 특히 어머니에게서 필요한 것을 배웠습니다. 간혹 아버지나 웃어른에게서 글이나 글씨를 배우는 경우도 있었지만 흔치는 않았습니다.

그러한 전통은 비교적 최근까지 이어졌습니다. 필자의 초등학교 동기생 가운데 중학교에 진학한 여학생은 겨우 절반 정도였고, 중학교에서 졸업한 우리 반 남학생은 37명인데 여학생은 20명이었습니다.

이런 현상은 남자 아이들은 교육을 많이 시키고 여자 아이들은 집이 부유한 경우가 아니라면 많이 시키지 않았음을 뜻합니다. 그래서 초등학교나 중학교 정도 졸업한 소녀들은 도시의 공장에서 일해 공부하는 오빠나 남동생의 학비를 돕는 경우가 허다했습니다. 여자 형제의 희생 아래 남자 형제를 공부시킨 것이지요. 물론 가난한 시대였으므로 어쩔 수 없이 다 공부시킬 수 없는 바에야, 남의 집에 시집보내면 그만인 여자를 교육시키느니 집안을 책임질 남자를 공부시키는 것이 더 낫다는 계산이 작용했을 것입니다.

어쨌든 남자와 여자에 대한 교육기회의 차별이 엄연히 존재했고 최근까지 이어졌으며, 남자는 사회적으로 유리한 직장을 차지하는 것은 당연한 것으로 여겼으나, 여자가 많이 배우는 것과 사회 활동은 그다지 장려할 만한 것이 아니었습니다. 대신에 적당한 교육을 받아 어진 어머니와 아내가 되어 집안 살림을 잘하는 것이 최고의 미덕으로 알았고, 그것을 장려하기 위하여 율곡의 어머니 신사임당의 미덕을 의도적으로 찬양하였던 것입니다. 그래서 어느 사립 여학교 교육 목표가 현모양처를 길러내는 것이라고 했으며, 당시 대학교를 졸업한 여성 대다수의 꿈 역시 현모양처가 되는 것이었습니다.

아직도 일본에는 그런 전통이 강하게 남아 있는데, 가령 보통으로 생각하는 남녀의 결혼 배우자를 보면, 남자는 4년제 대학교를 졸업하고 여자는 2년제 전문대학을 졸업한 경우입니다. 그리고 여성은 현모양처가 되는 것이 가장 이상적인 경우라나요.

남녀 차별이 심한 것도 이처럼 남성들이 많이 배웠기 때문입니다. 정확히 말한다면, 남자 아이들에게 교육받을 기회를 많이 주었다는 것이지요. 그래서 절대적으로 여성들이 불리한 입장에 처하게 되었고요.

이제 여성을 사회적 활동에서 배제해서도 안 되고, 적어도 법 앞에서는 그렇게 할 수도 없습니다. 이렇게 주어진 기회를 더 활용하기 위해서도 여성들이 더 많이 배워야 합니다. 물론 부모들이 남녀 가리지 않고 동등하게 교육시켜야 하겠지요.

필자가 이렇게 말하는 이유는 아직도 몇몇 분야를 제외하고 여성들의 사회적 역할이 미미한 분야가 있다는 것입니다. 많은 중요한 일들이 여전히 남성들의 전유물이며 여성들을 거기서 배제하고 있다는 점입니다. 이런저런 이유로 여성들이 소외되고 있는데, 이 또한 우리 사회가 극복해야 할 문제입니다.

이러한 문제를 극복하기 위해서는 상대인 남성에게 기대하는 것보다 여성이 주체적으로 전면에 나서야 합니다. 그래서 이들을 설득하거나 경쟁에서 이기기 위해서도 여성이 더 많이 배워야 합니다.

오늘날 잘 배웠다는 것은 어떤 것일까?

앞의 동화에서 농사짓고 집안일을 못한 채 글공부나 문예를 익혔다고 잘 배웠다고 말한 것이 아니듯, 그런 잣대를 오늘날에도 적용할 수 있습니다. 그럼 오늘날에는 어떤 것을 잘 배웠다고 말할 수 있을까요? 남들이 들어가기 힘든 대학교에 진학하고, 거기 졸업해서 또 남들이 가기 어렵다는 외국의 유명 대학교에서 석사와 박사 학위를 받는 것이 잘 배운 것일까요? 아니면 운동을 열심히 배워 올림픽에 가서 금메달을 따오는 것이 잘 배운 것일까요? 그것도 아니라면 평생 부모님이 돌아가실 때까지 효도를 다한 사람이 잘 배운 것일까요?

사실 이런 질문은 의미가 없습니다. 말하는 사람의 입장에 따라 그 '잘 배웠다'는 평가가 달라질 수밖에 없기 때문입니다. 단지 앞에서 읽은 동화의 입장에서 볼 때 잘 배운 것이 무엇인지 현대적 의미로 추리해볼 수는 있습니다.

먼저 기본을 알아야 잘 배운 것입니다. 당시는 농업 사회이니 농사짓는 일이 기본이 될 것이고, 여자의 경우는 농사를 거드는 일이나 집안일이 기본이 되겠지요. 그렇다고 해서 오늘날도 여학생들은 밥 짓기나 설거지를 잘해야 하고 남학생들은 밖에 나가 일하는 것을 배워야 한다는 것을 말하려는 의도는 아닙니다. 남자나 여자나 필요하다면 누구나 그런 것을 배워야 합니다.

필자가 하고 싶은 말은 적어도 초등학교 교육 과정에 나오는 것은 익혀야 한다는 것입니다. 그러면 남들이 웃겠지요? 그거 모르는 사람 누가 있냐고요? 천만의 말씀입니다. 초등학교 교육 과정의 목표는 미래의 시민으로서 갖추어야 할 기본을 익히게 하는 것인데, 그것을 제대로 익힌 사람이 그리 많지 않다는 것입니다. 그것을 확인할 수 있는 방법을 가르쳐드리지요.

초등학교 도덕 교과서(1학년과 2학년은 바른생활)를 읽어보십시오. 그것을 지키는 사람이 얼마나 되는지 길거리에 나가거나 주변에서 찾아보기 바랍니다. 아마 놀랄 것입니다.

우리는 가끔 사회의 상층부에 있는 사람들이 자신의 위치에 어울리지 않는 행동이나 범죄 때문에 많은 사람들에게 비웃음이나 아쉬움을 자아내기도 합니다. 그 이유는 바로 그들의 그런 행동에서 기본이 안 된 점을 노출하기 때문입니다. 못 배운 것이지요. 반면에 학력도 낮고 사회적으로 보잘것없는 위치에 있는 사람이 훌륭한 일을 해내어 사람들을 깜짝 놀라게 하는 뉴스도 종종 있습니다. 이 사람들이야 말로 잘 배운 사람이지요. 기본이 제대로 되었기 때문입니다.

내가 잘 배웠는지 점검하기

그럼 청소년의 입장에서 여러분들이 과연 얼마나 잘 배웠는지 점검해봅시다. 아래 항목은 초등학교 교육 과정에 나옵니다. 초등학교에 다니지 않은 사람은 없을 테니까, 누구에게나 해당되는 내용입니다. 그것을 내가 잘하는지 점검해 봅시다. 항목이 무수히 많지만 국어와 도덕에 관계되는 일부 목표만 시험 삼아 점검해보도록 하겠습니다.

□ 행동적인 면
- 바르고 고운 말을 쓴다.
- 내가 할 일은 스스로 한다.
- 물건을 아끼고 잘 정돈한다.
- 이웃사람들에게 예절바르게 행동한다.
- 교통 규칙을 잘 지키고 공중 장소에서 질서를 지킨다.
- 가족과 화목하게 지낸다.
- 다른 사람을 배려한다.
- 정직하게 행동하고 약속을 지킨다.

□ 지적인 면

- 말하는 이의 의도나 목적을 파악하며 듣는다.
- 타당하고 설득력 있는 근거를 제시하며 의견을 제시한다.
- 글에 나오는 표현, 문제 해결 방안, 주장에 대한 근거의 적절성을 판단하며 글을 읽는다.
- 주장을 뒷받침하기에 알맞은 근거를 제시하며 글을 쓴다.
- 작품에서 사건의 전개와 배경의 관계를 파악한다.
- 작품에 반영된 가치나 문화를 이해한다.

이 항목에 대한 답이 만족스럽지 못합니까? 여러분은 못 배운 것입니다. 그러나 여러분이 청소년이라면 절망하기에는 아직 이릅니다. 고치거나 다시 배우면 됩니다. 만약 여러분이 성인이라면 실망스럽습니다. 어떻게 고칠 것이며 아랫사람이나 자식들에게 무슨 할 말이 있겠습니까? 인생을 잘못 사신 것입니다. 그래도 노력하는 모습은 아름답게 보일 수 있습니다.

이런 것을 무시하고 다른 것을 아무리 잘 배웠다 해도 그것은 밑 빠진 독이요 사상누각(砂上樓閣)입니다. 오늘날 신문이나 방송에 화려하게 나왔다가 망신당하고 볼썽사납게 사라지는 이른바 배웠다는 사람들 무수히 봅니다. 그 중 하나인 국회 인사청문회 같은 것을 보면 정치가, 학자, 고위 공무원, 법관 등이 거기에 속하는데, 기본이 안 된 사소한 문제로 자격에 흠집이 생기거나 물러나는 경우를 종종 볼 수 있습니다. 바로 우리가 읽은 이야기는 이것을 말하는 것입니다. 정말로 잘 배운 것이 무엇인지 말입니다.

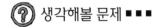 생각해볼 문제 ■■■

[1] 오늘날 우리 사회에서 놀고먹는 사람들은 어떤 종류의 사람인지 말해
보고, 그들이 비난받아야 할 이유가 있는지 없는지 말해보시오. 그리
고 그 근거도 밝혀보시오.

[2] 모든 사람이 성실하게 자신의 일을 한다고 가정할 때 육체 노동과 정
신 노동 가운데 어느 것이 더 사람을 피곤하게 할까요? 그 근거를
말해보시오.

[3] 사람에 따라 잘 배웠다는 평가가 그 기준에 따라 달라질 수 있습니다.
여러분은 어떤 기준에 의하여 잘 배운 것과 못 배운 것을 나눌 수 있습
니까? 그 기준을 말해보시오.

지붕에 올라가는 송아지
—가화만사성(家和萬事成)

지붕에 올라가는 송아지

옛날 어느 마을에 두 집이 나란히 있었어. 윗집에는 김 진사가 살고, 아랫집에는 이 진사가 살았어. 식구도 두 집 다 열씩이고, 논도 두 집 다 열 마지기씩이야. 그런데 윗집 김 진사네는 하는 일마다 잘 풀리고 아랫집 이 진사네는 하는 일마다 꽉꽉 막혀. 김 진사네가 소 한 마리를 사면 이 진사네는 소 한 마리를 팔아먹고, 김 진사네 곳간에 곡식이 꽉꽉 들어차면 이 진사네 곳간에는 곡식이 야금야금 빠져나가. 그뿐 아니지. 김 진사네 집에서는 날마다 웃는 소리가 끊이지 않는데, 이 진사네 집에서는 날마다 다투는 소리가 끊이지 않거든.

하루는 아랫집 이 진사가 윗집 김 진사를 찾아갔어.

"여보게, 자네나 나나 똑같은 식구에 살림도 엇비슷한데 어째서 이렇게 다를 수 있는가? 자네 집은 해마다 살림도 늘고 잘사는데, 우리집은 해마다 살림도 줄고 식구들이 다투기만 하니 이게 어찌된 일인가?"

이 진사가 이렇게 푸념을 늘어놓으니까 김 진사는 허허 웃지.

"내가 시키는 대로 하면 무슨 일이든지 잘될 걸세."

"어떻게 하는지 좀 가르쳐주게나."

"당장 가서 자네 아들더러 송아지를 끌고 지붕에 올라가라고 해보게."

"그러면 수가 나나?"

"그럼. 수가 나지."

이 진사가 그 말을 듣고 집에 와서 아들을 불렀어.

"얘야, 어서 송아지를 끌고 지붕에 올라가거라."

아들이 눈이 휘둥그레져서 제 아버지를 멀뚱멀뚱 쳐다보고만 있구나.

"왜 그러고 있느냐? 어서 송아지를 끌고 지붕에 올라가라니까."

그제야 아들이 버럭 짜증을 내지.

"참, 아버지도. 망령이 드셔도 톡톡히 드셨나봐. 송아지가 어떻게 지붕에 올라간대요?"

아들이 말을 안 들으니 어쩔 수가 있나.

다시 김 진사네로 갔어.

"아들놈이 내 말을 안 들어서 못하겠네. 망령 들었다고 욕만 잔뜩 먹었다네."

김 진사가 그 말을 듣고 고개를 끄덕끄덕해.

"내 그럴 줄 알았지. 그럼 이렇게 해보게. 자네 며느리더러 소금 한 가마니를 요 앞 개울물에 담갔다가 꺼내오라고 하게."

"그러면 좋은 수가 나나?"

"아무렴."

이 진사가 다시 집에 와서 며느리를 불렀어.

"얘야, 소금 한 가마니를 요 앞 개울물에 갖다 담갔다가 꺼내 오너라."

며느리도 어이가 없는지 눈만 멀뚱거리고 있다가,

"아이, 아버님도 참 망령이셔. 소금을 물에 담그면 죄다 녹아 버릴 텐데, 칠십 평생 사시면서 그런 이치도 모르셨어요?"

며느리는 말을 들을 생각을 않네. 할 수 없이 다시 김 진사네 집에 갔어.

"그것도 도저히 못하겠네. 며느리가 당최 말을 들어야지."

김 진사가 또 고개를 끄덕끄덕하더니,

"그러면 내가 하는 걸 잘 보게."

하더니, 자기 아들을 불러.

"얘야, 어서 송아지를 끌고 지붕에 올라가거라."

"예."

김 진사네 아들은 군소리 한마디 없이 냉큼 외양간에 가더니 송아지 고삐를 끌고 나오는 구나. 그러더니 지붕에 사다리를 걸쳐놓고 올라가서 송아지고삐를 잡아당겨. 송아지가 안 올라가려고 버티니까,

"이랴! 이 놈의 송아지야. 우리 아버지가 지붕에 올라가라신다. 이랴!"

하고 고삐를 막 잡아당기지. 그래도 안 되니까 자기 아내를 불러.

"여보, 어서 와서 송아지 궁둥이 좀 받쳐줘요."

그러니까 며느리가 나와서 송아지 엉덩이를 민다고 야단이야. 아이들도 우르르 나와서 밀어라 당겨라, 영차 영차 하고 한바탕 난리가 났지. 한참 그렇게 애를 쓰는 것을 보다가 김 진사가,

"안 올라가거든 그만둬라."

하니까 모두들 그만두더래.

그 다음에는 며느리를 불러가지고 일을 시켜.

"애, 소금 한 가마니를 요 앞 개울물에 갖다 담갔다가 꺼내오 너라."

"예."

며느리도 군말 않고 부엌에 가서 소금 가마니를 들어올려. 끙 끙 힘을 써도 무거워서 들 수 있어야지. 아들이 그걸 보고 냉큼 달려가서 마주 들더니, 개울로 성큼성큼 걸어가네. 그걸 보고 김 진사가,

"그만두고 제자리에 갖다놔라."

하니까 또 군말 없이 소금 가마니를 들어다가 부엌에 갖다놓 더래.

김 진사가 이 진사를 보고,

"이게 집안이 잘되는 수일세. 식구들이 서로 믿고 힘을 합해 야 무슨 일이든지 잘된다네."

하겠지. 이게 끝이야.

(『호랑이 잡는 기왓장』, 서정오 글·이우경 그림, 보리, 1991에서)

최 진사 댁 셋째 딸

'건넛마을 최 진사 댁에 딸이 셋 있는데, 그 중에서도 셋째 따님이 제일 예쁘다던데….' 어디서 많이 들어본 말이지요? 네, 1970년대와 1980년대에 유행하던 대중가요 노랫말 첫 소절입니다. 당시 가수 조영남이 불렀는데 중고등학교 학생들이 건전 가요라 해서 애창했습니다.

그런데 왜 이 이야기를 하느냐 하면 '진사'라는 말 때문입니다. 우리가 읽은 동화에서도 김 진사, 이 진사가 등장했는데, 도대체 이 진사라는 명칭이 왜 사람의 성 뒤에 붙었을까요? 이와 비슷한 것에는 이효석의 「메밀꽃 필 무렵」에 허 생원과 함께 조 선달이 나오며, 황순원의 「소나기」에는 윤 초시가 등장합니다. 그러니까 '진사', '생원', '초시', '선달'이란 도대체 어떤 용어들일까요?

이 용어들은 모두 과거(科擧)와 관계됩니다. 과거 시험에는 크게 소과(小科), 대과(大科), 무과(武科), 잡가(雜科) 네 가지가 있었고, 소과에는 진사시(進士試)와 생원시(生員試)가 있어, 다같이 초시(初試)·복시(覆試) 두 단계 시험에 의해 백 명씩 뽑아 진사와 생원의 칭호를 주고 성균관에 입학할 수 있는 자격을 부여하였습니다. 이 소과에 합격한 진사와 생원들이 도전하는 것이 대과이고, 여기에도 역시 초시와 복시가 있는데 이 시험에 합격해야 이른바 과거에 급제했다고 하는 것입니다.

그런데 소과의 생원시는 유교적 경전, 곧 오늘날 철학이나 윤리학과 관계된 분야이고, 진사시는 문장을 짓는 문학과 관계된 분야로서, 합쳐 생진과라 불렀습니다. 그리고 1차 시험인 초시에 합격한 사람을 초시라고 불렀던 것 같습니다. 또 선달(先達)은 원래 과거에 급제하고도 벼슬에 못 오른 사람들을 일컫는 말이었지만, 조선시대에는 주로 무과 출신들 가운데 낮은 등급의 급제자들이 벼슬을 받지 못했으므로 이들을 선달이라고 불렀습니다.

그런데 생원과 진사가 되면 대과에 응시하여 벼슬길에 오를 수 있으나, 대과에 합격하지 못하면 하급직인 능참봉·교수·훈도 등이 되는 것이 고작이었습니다. 그래도 면역 특권이 주어져서 사회적으로 대우를 받았으며, 정치적 소용돌이에 휘말리지 않고 조용히 알부자로 살고 싶은 사람들은 이 길을 택하기도 했습니다.

자, 이야기의 처음으로 돌아와 농사꾼인 김 진사나 이 진사가 과연 과거 시험에 응시하였을까요? 그리고 이효석의 소설에 등장하는 장사꾼 조 선달이나 허 생원이 정말 과거에 응시하여 한 번이라도 합격한 자들이었을까요? 아닐 것입니다. 그냥 요즘말로 하면 김씨, 이씨 하면 될 것을 김 사장, 이 사장 하고 부르는 것과 똑같습니다.

사모님과 기사

이렇듯 명칭이 남발된 사례는 무수히 찾을 수 있습니다. 원래 '사모님'이란 스승의 부인에 대하여 부르던 말인데, 이제는 장사하는 사람이나 서비스업에 종사하는 사람들이 결혼한 부인에 대한 호칭으로, 특히 직책상 윗사람의 부인에 대하여 부를 때 사용하는 말이 되어버렸습니다. '기사'도 마찬가지입니다. 원래는 기술자인 기능사 등을 두고 한 말이었으나, 운전사나 기술직이나 심지어 일반적인 허드렛일을 하는 사람들을 모두 기사라 부릅니다. 그뿐이 아니지요. '사장님'이나 '선생님', '여사', '어르신', '박사' 등도 예외는 아닙니다.

요즘 대학가에서 남발하는 것에는 '교수(敎授)'라는 명칭입니다. 원래 교수는 역사적으로 볼 때 그리 대단한 것은 아닙니다. 그런데 그것이 대학이라는 새로운 현대식 교육 기관이 생기고 공부를 많이 한 사람이 교수가 되다 보니까, 또 교수에 대한 사회적 대우가 지나치게 후하다 보니까, 그 이름을 좋아하게 되었습니다. 그래서 언제부터인지 대학 강사를 '겸임 교수'니 '초빙 교수'니 '연구 교수'니 '강의 교수'니 '외래 교수'니 하는 이름으로 부르고 있습니다. 그러나 실제로는 대다수가 연봉이나 대우 면에서 열악한 지위에 있습니다. 정식 교수에 비해 턱없는 대우로 이름만 그렇게 부르는 것 또한 그 명칭을 남발하는 것입니다. 대학에서 교수 대우한다고 치장하면서 실제로는 열악한 강사 제도를 온존시키는, 눈 가리고 아옹 하는 격이지요. 이렇듯 명칭을 남발해도 아무 문제가 없을까요?

이왕 강사 이야기가 나왔으니 기막힌 이야기를 좀 하겠습니다. 한국의 대학은 참 이상한 곳입니다. 대학에서 대학생들을 가르칠 때 대개 절반 정도, 때로는 절반 이상 강의를 맡은 사람은 강사입니다. 몇 해 전 서울대의 어느 강사가 생활고에 시달려 자살한 사건이 있었습니다. 이 사건은 사회적 파장을 일으켰지만, 그때만 반짝하고 지금 언제 그랬느냐는 듯 계속해서 사회적 이슈가 되지 못하고 사라지고 있습니다. 이 죽음이 무엇을 뜻하느냐 하면, 대학이 강사들의 희생으로 유지되고 있다는 사실입니다. 강사가 되려면 적어도 보통 대학원 박사 과정 이상의 학력을 소지해야 하고, 엄청난 시간과 노력이 들었는데, 시간 강사는 말 그대로 시간당 강의료를 받아 생활하는 사람들입니다. 그것도 방학이 되면 실직자가 되지요. 게다가 대학의 방학은 짧은 것이 아니잖아요?

그런데 대학이 이런 시간 강사의 희생 위에 번듯하게 유지된다는 게, 참으로 지성의 전당이라 자부하는 것과는 이율배반입니다. 왜냐하면 강사들이 강의하는 시간을 모두 정규 교수를 채용하여 맡긴다면, 모든 대학의 인건비가 엄청나게 증가할 것이기 때문입니다. 이렇다면 대학은 지성의 전당이나 상아탑이 아니라 지식인의 무덤이라고 말해야 더 옳을 것입니다. 약자의 피를 빨아 그 위에 강자가 군림하는 것, 그것이 오늘날 우리나라 대학교의 현실입니다.

대학이 이렇게 된 것은 열악한 재정 때문이라고 말합니다. 국가 지원이 미약해서 학생들의 등록금으로 운영할 수밖에 없기 때문에 어쩔 수 없다고 합니다. 그러나 그런 대학이 발전 기금이라는 명목으로 수백억씩 모아둔 것을 보면 단지 핑계에 불과하다는 혐의를 불러일으킵니다.

그러니까 청소년 여러분! 여러분이 정말로 학문에 대한 열정이 없으면 절대로 대학원까지 가서 교수되겠다는 꿈을 버리기 바랍니다. 교수되기가 힘들기도 하거니와 아무나 교수가 되는 것도 아니고, 그리고 교수 자리도 이제는 계약직이 확대되어 지식 노동자로 전락할 날이 멀지 않았습니다. 예술이 좋기 때문에 가난하게 살더라도 열정을 쏟듯이, 학문이 좋기 때문에 가난하게 살더라도 거기에 청춘과 열정을 바치려고 한다면 말리지는 않겠습니다.

정 명

이렇듯 대학에 교수라는 명칭이 넘쳐나고, '기사', '사모님', '사장' 등으로 명칭이 남발된다는 것이 아무런 문제가 없을까요? 부르기 편하고 듣기에 기분 좋은 명칭을 아무한테가 갖다붙이면 아름답고 좋은 사회가 될까요? 잘못된 명칭에 대한 경고가 있었습니다.

공자의 제자 자로가 공자에게, "위나라 임금이 선생님께 정치를 맡기면 무엇부터 먼저 하시겠습니까?"라고 묻자, "반드시 명칭부터 바로잡겠다"라고 하였다. 그러자 자로가 "고작 그것입니까? 선생님도 참 뭘 모르십니다. 어째서 그런 걸 바르게 한답니까?" 이렇게 말하자, 공자는 "자로는 참 형편없구나. 군자는 자기가 모르는 것에 대해서는 대개 입을 다문다. 명칭이 바로 서지 못하면 말이 불순하고, 말이 불순하면 일이 이루어지지 않는다. 일이 이루어지지 않으면 예악이 흥하지 않으며, 예악이 흥하지 않으면 형벌이 실정에 딱 들어맞지 않는다. 형벌이 실정에 딱 들어맞지 않으면 백성들이 수족 둘 곳이 없다. 그러므로 군자가 명칭을 사용할 때는 반드시 말할 수 있으며, 말할 때는 반드시 실천할 수 있어야 한다. 군자는 자신이 한 말에서는 구차함이 절대로 없어야 한다." (子路曰, 衛君, 待子而爲政, 子將奚先 子曰, 必也正名乎. 子路曰, 有是哉 子之迂也, 奚其正 子曰, 野哉, 由也 君子於其所不知, 蓋闕如也. 名不正則言不順, 言不順則事不成, 事不成 則禮樂不興, 禮樂不興則刑罰不中, 刑罰不中則民無所措手足. 故君子 名之, 必可言也, 言之必可行也, 君子於其言, 無所苟已矣.)

앞의 고사는 『논어』 「자로(子路)」 편에 나오는 이야기입니다. 정치 사상에서 다루는 유명한 '정명(正名)' 사상이 나오는 텍스트입니다. 그 정명 사상에 근거해 그는 『춘추』를 지었는데, 그가 거기서 사용한 말(명칭)을 보면 얼마나 엄격하게 사용했는가를 알 수 있습니다. 명칭은 곧 그 사람이나 사건에 대한 평가를 나타내기도 합니다. 가령 사람을 죽일 경우 살(殺), 시(弑), 주(誅) 등의 명칭을 쓰는데, 어떤 명칭을 쓰느냐에 따라 그 사람에 대한 평가가 달라지는 것과 같습니다.

그런데 보통 군자라고 표현되어 있는 사람은 보편적으로 덕 있는 사람을 뜻하지만, 아마 공자가 여기서 말하는 사람은 정치적 지도자를 염두에 두고 한 말일 것입니다. 그래서 지도자는 지키지 못할 말을 남발해서도 안 되는 것은 물론, 정확하지 않는 명칭을 사용해서도 안 된다는 것입니다. 정치 지도자의 말이 매우 중요함을 여기서도 확인할 수 있습니다.

문화적 배경

이 이야기가 전개되는 문화적 배경을 살펴봅시다. 배경에는 시간·공간·사회적인 것도 있는데, 사회·역사적인 배경을 문화적 입장에서 따로 살펴보는 것은 비판적인 시각을 기르는 데 매우 중요합니다. 그것에 대한 이해 없이는 텍스트 내용에 대한 비판이 정당하지 않기 때문입니다.

우리의 문화 전통을 말할 때 가깝게는 지금부터 100년 내지 200년까지 거슬러 올라간 문화가 현재에 가장 많은 영향력을 미치고 있겠지만, 문화란 이전 문화의 계승 속에 발전하여 소멸하기 때문에 어느 시기를 딱 잘라서 말하기는 어렵습니다. 그러나 시대별 문화적 특징이 있기 때문에 그 속에서 이야기의 배경을 추리할 수 있습니다.

앞에서 살펴보았듯이 '진사'라는 말은 과거 제도가 활성화되고, 그 명칭이 과거에 합격한 당사자뿐만 아니라 일반인들에게 흔히 사용되던 점으로 고려한다면, 적어도 조선 초기나 중기 이상 거슬러 올라갈 수 없습니다. 조선 후기에 오면 과거 급제를 남발하는 바람에 과거 제도의 모순이 드러나 일부 사람들이 과거 제도의 철폐를 주장하기도 합니다. 그러니까 이 이야기는 과거 시험 합격자는 많아도 현직에 임용될 수 없었던 시대를 거쳐서, 아무나 진사나 생원 등의 호칭을 불러도 문제가 안 되는 그런 시대를 배경으로 합니다. 다시 말하면 조선시대 종래의 신분

질서가 상당히 붕괴된 이후의 사회를 반영하고 있습니다.

과거 제도는 전적으로 유교의 산물입니다. 우리나라에서는 고려 광종 때 쌍기의 건의로 과거 제도를 시행했다고 전하는데, 그것은 옛 귀족들의 권력을 견제하고 왕권을 강화하는 수단으로 도입되었습니다. 곧 새로운 세력을 등장시켜 옛 귀족과 대립하게 함으로써 왕권을 강화하자는 것이지요. 그렇게 되면 옛 귀족에게는 기득권 침해가 있으나, 과거에 응시할 수 있었던 백성들에게는 새로운 사회적 신분 상승의 기회가 되고, 그로 인해 새로운 세력으로 등장할 수 있기 때문입니다.

조선시대에 접어들서는 국가 체제가 완전히 중앙 집권적 관료 체제로 전환합니다. 귀족으로 살아남으려면 과거에 급제해야 합니다. 간혹 과거 시험 없이 조상의 음덕으로 관료가 되는 경우도 있었지만, 그것이 대대로 보장되는 것이 아니기 때문에 과거를 통하지 않고 대대로 권문세가가 되기는 힘듭니다. 그러다보니 실력이 없는 귀족 자제들은 과거 시험에 합격하기 위하여 별별 수단을 다 동원하였고, 그로 인한 급제자의 남발은 결국 개나 소나 진사나 생원으로 부르는 풍조를 낳았던 것입니다.

유교 사회

그런데 조선과 같은 유교적 사회에서는 가장(家長)의 권위가 절대적입니다. 그것은 이른바 삼강오륜(三綱五倫)의 삼강(三綱) 속에 들어 있는데, 곧 임금이 신하의 기준이 된다는 군위신강(君爲臣綱), 남편이 아내의 기준이 된다는 부위부강(夫爲婦綱), 아비가 자식의 기준이 된다는 부위자강(父爲子綱) 속에 들어 있는 사상입니다.

그러니까 유교 사회 질서의 중심은 임금, 남편, 아비인데, 국가에서는 왕이지만 가정에서는 가장인 남편이나 아비가 그 집안의 기강(紀綱)을 잡아야 하는 것입니다. 기강이란 도덕적 표준도 되지만, 사안 결정의 중심이 되기도 합니다. 국가에서 권력이 나눠지면 혼란해지고, 가정에서 의사 결정이 엇갈리면 가정 불화가 되기 때문에 왕이 있고 가장이 있었던 것입니다. 동서양을 막론하고 고대 사회에서는 정치 체제가 왕정이 많고, 가부장적인 사회 제도가 보편적인 이유가 바로 이 때문입니다.

그렇지만 이 이야기에서는 그런 가장의 엄격한 기강을 엿볼 수 없습니다. 그런 기강을 잡기 위해 가장의 권위를 행사하지도 않습니다. 이 진사의 말에 자식들이나 며느리가 따르지도 않았고, 김 진사의 말에 자식들이 말을 잘 따르는 것은 가장의 권위 때문이 아니라, 아비에 대한 믿음 때문에 시키는 대로 한 것입니다. 오히려 동화는 그것의 부당함을 간접적으로 전하고 있습니다. 이 진사의 자식들이 그것을 보여주고, 이 진사 자신이 김 진사에게 자문한 것도 그것을 증명합니다.

그러니까 이 이야기의 주인공들은 우리가 상식적으로 알고 있듯이 엄격한 유교 사회에서 폭군처럼 군림하지 않았습니다. 우리는 이 점에 주목해야 합니다. 요즘 식으로 말한다면, 이 진사와 김 진사는 자신의 가부장적인 권위로 가정을 이끌려는 의도나 태도를 보이지 않고, 일종의 '경영 마인드'를 갖고 가족 구성원들을 대하고 있다는 점입니다. 그래서 김 진사에게 이 진사가 자문한 것이 아닙니까? 대신 김 진사는 그것을 직접 말하지 않고 자신의 사례를 보여줌으로써 이 진사가 깨닫게 만들었지요. 경영학적으로 말하면 벤치마킹하는 것이지요.

대개 우리 문화를 비하하거나 서양 전통에 빠진 사람들은 우리 전통을 싸잡아 가혹한 남성 위주의 그것이라고 쉽게 단정하는데, 이는 바로 이 같은 점에 주목하지 못한 까닭입니다. 전통을 제대로 이해할 수 있는 능력이 모자라니까요.

따라서 우리 전통에는 그것이 알려진 것보다 더 인간적이고 자신들의 태도에서 가족의 화목을 구해보고자 하는 가장들이 얼마든지 있었을 것이고, 그것이 이 이야기에 반영된 것이라 생각됩니다. 그러니까 가정은 물론 어떤 사회에서든지 지나친 엄격주의가 조직의 화합을 가져오는 것이 아니라는 점입니다. 그런 지혜를 민중들의 입을 통해서 보여주고 있는 것입니다. 그래서 우리의 전통 문화에서 가부장의 절대적 권력이 여성들이나 아이들을 억압했다고 단정적으로 평가하는 사람들에게 이 이야기는 그런 것이 아니라는 사실을 반증해주는 아주 좋은 예가 될 것입니다.

교 화

유교적 교육 방식은 전적으로 교화(敎化)입니다. 오늘날 교화라는 말이 많이 왜곡되어 있지만, 가르쳐서 감화시키는 것 또는 가르쳐 이끌어 바른 사람이 되게 하는 것을 말합니다. 임금이 백성에게 교화를 베풀지 않고 함부로 하면 폭군이 되듯이, 남편이나 아비라 하더라도 아내나 자식들에게 함부로 한다면, 가족들이 따르지 않을 것입니다. 앞의 이 진사의 경우처럼 말입니다.

그런데 현대 교육학에서는 교화를 좋은 교수 방법으로 말하기를 꺼려합니다. 왜냐하면 학생 스스로가 자발적으로 좋은 가치나 규범을 발견하여 스스로 지키도록 도와주어야 하는데, 교화는 이미 만들어놓은 규범을 비판 없이 그대로 따르게 한다고 보기 때문입니다. 그러니까 교화가 순종적인 인간을 기르는 데는 유익하지만, 비판적이고 창의적인 사람을 만드는 데는 그리 좋은 방법이 못 된다고 보기 때문이지요.

그러나 현실에서는 이론처럼 모든 게 그렇게 단순히 적용되는 것은 아닙니다. 교화를 생명으로 하는 동양의 전통에서 어느 사회보다 더 많은 비판적인 사람들이 등장한 것을 무엇으로 설명해야 할지 난감해집니다. 아무리 교화를 받고 자랐다고 하더라도 상대가 비도덕적이고 덕이 없으면, 벌떼처럼 들고 일어나는 것이 동양적 전통이기 때문입니다. 그래서 우리 역사의 비판적 인물들, 특히 철학자나 정치가들을 공부해보기 바랍니다. 그들이 교화에 스스로 물들어 배운 것만을 순순히 따르는지 말입니다.

교화를 시키려면 윗사람이 도덕적으로 올바르고 모범이 되지 않으면 불가능한 것입니다. 가장(家長)도 일종의 지도자이므로 가족 구성원들의 절대적인 지지와 신뢰를 받으려면, 그만큼 자신에게 엄격해야 하고 모범을 보여야 할 것입니다. 그래서 지도자의 언동(言動)이 매우 중요하며, 행동하거나 말할 때는 신중하고 또 신중해야 합니다.

가화만사성

나이가 좀 든 사람이라면 한글보다 한자로 된 '家和萬事成'을 많이 보았을 것입니다. 어느 가정집이나 음식점, 심지어 옛날 이발소에서도 액자나 표구로 볼 수 있었던 글귀입니다. 말뜻은 쉽게 풀이되듯이 속된 말로 '가정이 화목하면 만사가 오케이다'라고 할 수 있지요. 가정 화목이 모든 일을 이루는 열쇠가 되는 것입니다.

그런데 가정이 화목하게 되는 것은 거저 되는 것은 아닙니다. 아버지가 송아지를 지붕 위로 끌고 올라가라 한다고 누가 끌고 올라가며, 소금 가마니를 물에 담그라고 해서 누가 하겠습니까? 보통 사람의 상식으로 보아서는 안 되는 일입니다. 그런데 그것이 가능한 열쇠는 바로 주인공의 다음 말에 들어 있습니다.

"이게 집안이 잘되는 수일세. 식구들이 서로 믿고 힘을 합해야 무슨 일이든지 잘된다네."

바로 믿음, 곧 신뢰(信賴)가 바탕이 되어 있어야 가능한 일입니다. 안 되는 일을 아버지가 시키는 데는 분명한 이유가 있을 것이라는 믿음이 있었던 것입니다.

반면에 이 진사의 경우는 그런 믿음이 없었기 때문에 자식들이 말을 듣지 않았습니다. 그것은 자식들이 나쁘다고 탓하기 이전에 이 진사 자신이 반성해야 할 일입니다. 그래서 김 진사는 말 안 듣는 이 진사의 자식들을 나무라거나 탓하지 않고, 자기의 가정이 왜 화목한지 그 비법을 이 진사에게 보여주었던 것입니다. '식구들이 서로 믿고 힘을 합하는 것'이라고 말입니다. 가정이 화목하지 못한 책임은 가족 구성원들에게 없다고는 할 수 없으나 가장인 이 진사에게 더 많이 있다고 본 것이 아닐까요? 이 진사의 가정이 잘못된 것은 이 진사 자신에게 문제가 많다는 점을 깨닫게 하기 위한 것이라고 말한다면 너무 과장된 말일까요?

그럼 어떻게 하면 신뢰를 받고 가족들이 힘을 합칠 수 있을까요? 이 문제에 대한 답은 여기서 말할 성격이 아니라서 나중에 논의하겠습니다.

믿음이 전제되지 못한 비판

이 진사네 자식들은 정말로 똑똑하고 비판적입니다. 아버지의 지시가 불합리하고 사리에 맞지 않는다고 시키는 대로 하지 않았습니다. 그런데도 집안일은 엉망입니다. 어떻게 보면 일하기 싫거나 제 마음대로 하고 싶어서 비판을 위한 비판을 한 것인지도 모릅니다.

그러나 김 진사네 자식들은 묵묵히 따르기만 했지 비판할 줄 모르는 자식들로 비춰집니다. 정말 그럴까요? 그들도 마음속으로는 송아지를 지붕 위로 끌고 올라가거나 소금 가마니를 냇물에 담그는 것이 불합리하다는 것을 잘 알고 있습니다. 게다가 이들이 더 똑똑한 것은, 말하는 사람의 의도를 존중했다는 점입니다. 그래서 아버지가 그렇게 지시한 데는 무슨 까닭이 있으리라고 이해했던 것입니다.

남의 말을 듣고 의도를 파악하는 것은 초등학생들에게도 가르치는 내용입니다. 그것도 못한다면 초등학교 학력도 갖추지 못한 것이지요. 우리 시대의 똑똑한 바보들은 남의 말을 액면 그대로 듣고 비판하거나 말꼬리를 잡고 꼬치꼬치 캐서 비난한다는 점입니다. 아무런 신뢰가 전제되지 않고 까발리고 비판함으로써 남의 흠집만 잡는 데 익숙하다는 것입니다. 일부 언론이나 시민 단체 중에서도 그렇습니다. 그러다보니 국민들의 정신은 황폐하고 국가 장래의 이익 앞에 서로 헐뜯고 비난만 하여 사회적 합의가 안 되니 마치 망해가는 조선말의 사회 현상을 연상시킵니다.

비판하더라도 믿음과 애정을 가지고 해야 합니다. 판을 깨서는 안 됩니다. 그렇게 하면 우리 모두가 망하게 됩니다.

가부장제

　가족 구성원에 대한 가장의 지배를 뒷받침해주는 사회 체제를 가부장제(家父長制)라고 합니다. 가부장제는 역사 발전의 일정한 단계에서 출현했으며 보편적인 현상이었습니다. 우리 역사에만 이것이 있다고 비판하는 것은 무식의 소치입니다. 그렇다고 해서 이 가부장제를 합리화하려는 의도는 전혀 없습니다. 오해하지 마시기 바랍니다. 단지 우리 문화 속에 이것이 있다고 해서, 다른 나라 문화의 좋은 점만 보고 우리 것을 비하하는 태도를 용납할 수 없다는 뜻입니다.

　최근까지 여성 단체에서는 가부장제를 여성에 대한 남성의 일반적인 억압 체계를 가리키는 개념으로 사용해왔습니다. 이것은 여성에 대한 남성의 지배적인 측면을 부각시킨 것이며, 지금에 와서는 가부장제가 많이 완화되었긴 하지만, 아직도 어떤 분야에는 여전히 가부장적 요소가 있다고 주장합니다.

가부장 제도의 가족 내의 현대적 특징은 가족 구성원에 대한 가장의 거의 절대적인 지배권, 곧 혼인·이혼·상급 학교 진학 등의 모든 문제가 가장인 아버지의 의사에 따라 진행됨을 의미합니다. 다음으로 가정 재산에 대한 독점적 지배권으로 상속받은 재산은 물론, 가장 자신이 취득한 재산에 대하여 독점적으로 소유하며 처분하는 것을 말합니다. 또 가족의 영속성을 실현할 가계 계승권으로 조상의 제사, 가통 유지 등이 그것입니다.

보십시오. 여러분의 가정에서 가장인 여러분의 아버지가 얼마나 지배권을 행사하느냐에 따라 가부장적 특징이 드러납니다. 그러나 이런 집은 거의 없을 것입니다. 가장이 자기가 물려받은 재산이나 자기가 모은 재물이라고 해서 마음대로 하지 못합니다. 이혼하는 아내에게도 일정한 재산권이 주어지고, 자녀들이 양육받을 권리가 법으로 보장되었습니다. 또 가족 내의 모든 일을 일방적으로 행사하는 가정도 드뭅니다. 오히려 아내의 입김이 센 가정도 많습니다.

따라서 현대적 가족 제도를 모두 가부장 제도라고 싸잡아 비판하는 데는 한계가 있습니다. 그렇다고 가부장제가 완전히 사라진 것은 아닙니다. 미풍양속이나 전통이란 미명 아래 그것을 온존시키려는 단체나 사람들이 여전히 있기 때문입니다.

가부장제 확립과 해체

역사가들에 의하면 조선 중기에 이르기까지 여성들은 가족 내에서 상당한 자율성을 갖고 있었다고 합니다. 이것은 남녀 관계뿐만 아니라 가족 제도의 특징 가운데서도 드러난다고 합니다. 우선 이 시기는 처가(妻家)와 외가(外家)의 관계가 긴밀하여 아버지 쪽의 일방적인 중요성이 확립되지 않았다고 합니다. 처가의 장인·장모를 아버지·어머니라 부르고 친부모처럼 섬겼다고 합니다. 또 족보 등에 기록할 때도 딸과 외손을 차별하지 않았고, 제사나 재산 상속에서도 차별이 없었으며, 아들이 없고 딸만 있는 경우에도 양자를 들이지 않았다고 합니다. 우리가 훌륭하게 생각하는 남명 조식 선생이나 퇴계 이황 선생 그리고 율곡 이이 선생도 외가나 처가 쪽으로 긴밀한 관계가 있었음이 여러 곳에서 입증되고 있습니다.

그런데 조선 후기로 내려오면서 유교적 이념이 사회 제도로 정착하면서 사정은 달라집니다. 곧 친족 제도·제사 상속·재산 상속·양자 제도 등이 남성, 그것도 장남을 우대하고, 여성·차남 이하를 차별하는 방향으로 진행됩니다. 그것을 사회의 혼란을 유교적 제도로 통제하고자 하는 지배층, 당시는 주로 서인과 그 후예인 노론이 정권을 담당했는데, 이들에 의해서 확고히 굳어졌던 것입니다. 곧 효(孝)라는 개념을 통하여 가족 내에서 가장에 대한 절대적 복종이 요구되고, 여자들에게는 삼종지도(三從之道)나 칠거지악(七去之惡)이라는 장치가 작동하였고, 국왕에 대해서는 충(忠)이라는 규범에 입각하여 사회 요소요소에 가부장적 관계가 적용되었습니다.

게다가 일제 강점기를 거치면서 일본 사무라이 특유의 남성 중심의 영향이 그대로 전달되면서 가부장적 폐단이 광복 전후에 가장 극성을 부렸던 것입니다.

그런데 산업화가 진행되면서 전통적인 향촌 사회가 해체되고, 남성의 생활 영역이 직장과 가정으로 분리되었는데, 대부분의 낮 시간을 직장에서 보내야 하는 사실은 가정 내에서 여성의 자율성을 증진시키는 조건을 형성하였고, 반대로 남성의 가정 관리권을 약화시켜 가족에 대한 지배권을 점차로 잃게 하였습니다. 게다가 여성들의 취업이 점차 늘어나면서 경제적으로 동등한 지위를 확보하게 되자, 더 이상 전근대적인 남성의 가족 내에서의 지배가 힘을 잃었습니다. 이에 따라 양성 평등의 입법이 진행되었고 앞으로 그것은 더욱 가속화될 전망입니다.

이것은 당연한 현실이며 남녀는 지배와 피지배의 관계가 아니라 서로 화합하고 조화를 이루는 본래의 방향으로 가는 것입니다. 원래 동물학적인 관점에서 보면 동종의 암컷과 수컷은 투쟁의 관계가 아니잖아요? 수컷끼리 짝짓기 상대를 놓고 다투기는 해도 말입니다.

전통도 바뀐다

이렇게 문화나 전통은 서서히 바뀌면서 교체됩니다. 그것의 원인이나 토대는 역시 경제적 측면에서 설명할 수 있습니다. 생산력이 미약했던 이전 시대는 상대적으로 육체적 노동력이 활발한 남성 위주의 사회가 가능했겠지만, 육체적 힘이 반드시 생산력과 직결되는 것이 아니라면, 여성의 능력이 남성보다 못하다는 편견은 버려야 합니다. 오히려 섬세하고 감성적인 작업이나 지적인 측면, 그리고 성실한 태도에서는 여성이 능가할 가능성도 머지않았습니다. 그러니 오늘날에도 가부장제를 비호한다 거나 그것이 변하는 것을 아쉬워할 필요도 없거니와, 그 변화를 거부하기 위해 집단으로 행동하는 것 또한 우스꽝스러운 일이 지요.

앞에서 공자의 정명 사상을 말했지만, 신분 사회인 조선시대 용어를 그대로 사용하는 것이 과연 공자의 뜻일까요? 정명 사상 이란 현대적으로 볼 때 정치 문화적인 정통성의 바탕 위에서 당 대의 구성원들이 공감하는 언어를 정확하게 사용하자는 정신이 아닐까요? 다시 말해 언어의 개념상의 혼란을 막고 정확한 어휘 나 용어를 사용하여 의사 소통을 분명히 함으로써 사회적 손실 을 방지하고 비생산적인 소모전을 줄이자는 것이 그 의도가 아 니겠습니까?

그런데 문화도 변화고 사회적 가치도 변하는데, 조선 후기의 풍습이나 언어적 용법을 지켜야만 마치 우리가 미풍양속이나 전통을 잘 지키는 것으로 착각하는 사람들이 있습니다. 문화적 보수 성향이 강한 노인들만 그런다면 이해는 가지만, 젊은 사람 들 가운데도 더러 있습니다. 양반 상놈 하는 조선시대도 아닌데 말입니다.

그런데 이런 식으로 문제 삼는다면 우리나라 대부분의 언어 체계를 바꾸어야 합니다. 우리가 지금 사용하는 대부분의 용어 가 영어를 번역하기 위해 일본 식으로 바뀐 말들입니다. 특히 학술과 기술 용어는 더 그렇습니다. 그것은 우리가 식민지가 된 이후 역사가 단절되었기 때문에 생긴 비극입니다. 여러분들이 한글이라는 글자를 쓰고 있지만, 상당수의 글자가 의미하는 개

넘이 영어를 번역하기 위하여 만든 일본 식 표현이라는 점을 말하는 것입니다. 그러니 광복 이후에 살고 있는 우리가 그런 표현에 익숙해져 있고, 나아가 구별조차 못하고 있는 것은 너무나 당연한 일입니다. 그렇다고 그것을 그대로 두고 따르자고 하는 것은 별개의 문제입니다. 가능한 한 우리의 좋은 언어를 발굴하여 사용하는 노력은 병행되어야 합니다.

그런데 이제 와서 그런 언어 체계를 무시하고 다시 조선 말기로 돌아가 옛날 식 표현을 찾아 쓰는 것이 가능할까요? 사회가 다르고 인간 관계가 다른데 어디서 그런 용어를 찾아 쓴다 말입니까? 가령 오늘날은 신분적 사회도 아니고, 아이를 하나 아니면 둘, 그것도 낳지 않는 추세여서 친족이나 척족에 대한 관계를 나타내는 상당수의 호칭이 불필요하게 되었습니다. 이렇듯 핵가족의 범위를 벗어나면 이전 시대에 흔히 쓰던 명칭이 불필요하게 되었으니, 그것의 소멸에 대하여 안타까워할 필요도 없고 시대의 흐름을 따를 수밖에 없는 것입니다. 언어를 포함하여 예법이란 원래 그런 것입니다.

예를 들면, 어떤 아이가 길에서 모르는 사람을 보고 '어떤 아저씨가' 또는 '어떤 아주머니가'라고 말하면 안 되고 '어떤 분이', '어떤 부인이'라고 해야 맞다고 주장하는 견해 등도 여기에 포함됩니다. 왜냐하면 '아저씨'나 '아주머니'는 남에게 쓰는 호칭이 아니기 때문입니다. 필자의 견해는 그 주장이 전혀 틀린 것은 아니지만, 그런 식으로 고쳐 부르기에는 이미 우리의 언어 체계가 많이 변해버렸고, 그렇게 할 경우 혼란만 가중된다고 봅니다.

이들에게 요구되는 것은 우리가 흔히 쓰는 그리고 그것이 현대적 어법으로 정착된 그런 말조차 가부장적 냄새가 물씬 나는 옛것으로 살려 써야 한다고 주장할 것이 아니라, 차라리 옛것 가운데 지금에 맞는 것을 계승해야 할 것입니다. 또 한글 대신 영어를 공용어로 선택하자든지, 조상의 이름 붙이는 전통을 무시하고 자기 이름을 괴상망측하게 짓는 그런 사람들, 그리고 아름다운 우리말이 있는데 군이 외국어를 쓰는 잘난 체하는 친구들을 상대로 교화시켜야 하지 않을까요? 사실 지구촌이라는 말이 낯설지 않은 이 시대에 이런 사람들과 논쟁하기도 쉽지 않습니다.

삼종지도

전통적 사회에서 여성의 지위와 구실을 표시하는 대표적인 규범 가운데 하나가 삼종지도(三從之道)입니다. 그 내용은 여성이 어릴 때에는 부모를 따르고, 출가해서는 남편을 따르고, 늙어서는 아들을 따른다는 것입니다. 여기서 한자의 '종(從)'은 '따른다'의 의미로 복종을 뜻하며, 도(道)란 원래 진리나 길을 뜻하지만 여기서는 도덕이나 윤리를 말합니다. 그러니까 '여자가 복종하는 세 가지 도덕'이라고 직역할 수 있습니다.

이 말은 근원은 『의례(儀禮)』의 「상복」 편에 공자의 말로 되어 있습니다. 유교적 고전이 거의 그렇듯이 공자의 권위를 빌어 공자가 말한 것으로 되어 있는데, 이 또한 유교적 이념으로 사회적 질서가 확립되면서 생긴 것으로 보면 될 것입니다. 이 내용은 『소학(小學)』과 부녀자의 교육을 위한 『내훈(內訓)』에도 인용되어 있어서 가부장 제도 안에서 여성의 위치를 규정하는 모태가 되었습니다.

이 삼종지도는 결국은 여성이 가장을 따라야 하며 자신은 가장이 될 수 없다는 것이 핵심입니다. 어렸을 때는 친부모를 따르고 출가해서는 완전히 친가의 외인(外人)이 되어 남편을 정절(貞節)로서 따르되, 그 시부모를 섬기며 가사 잡무에 헌신하고, 때에 따라 관혼상제의 예절을 다한다는 것이 부녀자의 의무였고, 또한 아들을 생산하는 것이 최상의 의무였습니다. 그러니까 여성들에게는 따르는 의무만 있고 권리는 없었던 것입니다.

칠거지악과 삼불거

칠거지악(七去之惡)이란 아내를 내쫓는 일곱 가지 항목을 말하며 칠거(七去) 또는 칠출(七出)이라고도 불렸습니다. 그것을 법적으로 통용한 것은 중국의 『대명률(大明律)』을 따른 것이지만, 그 내용을 보면 첫째로 시부모를 잘 섬기지 못하는 것, 둘째로 아들을 낳지 못하는 것, 셋째로 부정한 행위를 하는 것, 넷째로 질투하는 것, 다섯째로 나병·간질 등의 병이 있는 것, 여섯째로 말이 많은 것, 일곱째로 훔치는 것이 이에 해당됩니다.

여기서 일곱째는 어느 사회에서나 금지하는 것이지만, 나머지 여섯 가지는 전통 사회에서 가부장적 가족 제도의 요구에서 등장하는 것입니다. 첫째는 시부모에 대한 불효(不孝) 때문에, 둘째는 가계를 계승하지 못하기 때문에, 셋째는 혈통의 순수성을 유지하지 못하기에, 넷째는 축첩제 유지의 방해 원인이 되며, 다섯째는 자손의 번영에 해롭고, 여섯째는 가족 공동체의 불화와 이간의 원인이 되기 때문입니다. 그러니까 이 일곱 가지는 유교적 가족 제도에 방해가 되기 때문에 일곱 가지의 이혼 사유를 만들어 여성들을 통제하고자 했습니다.

따라서 조선시대의 혼인 관계에서 원칙적으로 칠거지악에 해당되는 경우가 아니라면 이혼이 허용되지 않았습니다. 비록 칠거지악에 해당되는 경우라도 이혼할 수 없는 경우가 있는데, 그것이 바로 삼불거(三不去)입니다. 이것은 물론 칠거지악의 남용을 방지하기 위한 것이기도 합니다. 첫째로 시부모를 위해 3년상을 치른 경우, 둘째로 혼인 당시 가난하고 천한 지위에 있었으나 후에 부귀를 얻은 경우, 셋째로 이혼할 경우 돌아갈 만한 친정이 없는 경우에는 도의상 버려서는 안 된다는 것입니다. 이것을 어긴 남자는 처벌하고 본래의 처와 다시 결합하도록 하는 규정이 있었습니다.

그런데 조선 최후의 법전인 『형법대전』에는 칠거(七去) 가운데서 아들을 낳지 못하는 것과 질투하는 것을 빼서 오거(五去)로 삼고, 삼불거 중에서도 자녀가 있는 경우는 첨가하여 사불거(四不去)로 하였는데, 이 오출사불거(五出四不去) 규정은 1908년에 『형법대전』의 개정으로 폐지되었습니다.

열 녀

전통 사회에서 또 하나 여성들에게 요구되는 것은 남편이 일찍 죽는 경우에 열녀(烈女)가 되어야 한다는 도덕 관념입니다.

일반적으로 열녀란 어려움을 당하여 목숨으로 정조(貞操)를 지켰거나 오랜 세월 동안 고난과 싸우며 죽은 남편을 위하여 수절(守節)한 부녀자를 일컫는 말입니다. 물론 이렇게 뜻풀이를 해도 쉽게 이해되지 않을 것입니다. 다시 말해 열녀는 두 가지 경우를 포함합니다. 하나는 혼인 전에 정혼한 자가 죽었을 때 그 뒤를 따라 죽거나 스스로 목숨을 끊어 자신의 정조를 빼앗으려 하는 자에 항거하는 미혼녀를 뜻하고, 다른 하나는 이미 혼인한 여자로서 남편의 뒤를 따라 죽는 부인 또는 목숨을 끊음으로써 정조를 빼앗으려는 자에 항거하는 부인을 말합니다. 대개의 열녀는 죽음으로써 되는 것이기는 하지만, 죽지 않고 고난과 싸우며 절개를 지킨 경우도 있습니다만, 이 경우가 죽는 것보다 더 어려울 수도 있습니다. 온갖 유혹과 강압과 모함과 험담과 고난을 견뎌내야 하기 때문입니다.

그래서 살펴보면 죽어서 열녀가 되는 경우가 더 많았는데, 가령 임진왜란(1592년) 첫 해에 열녀가 엄청나게 증가합니다. 열녀가 많았던 이유는 전쟁이라는 상황도 작용했고, 또 죽음으로써 열녀가 되었다는 것을 반증하고 있습니다.

그러니까 열녀는 죽은 남편이나 정혼한 남자를 위해 되는 경우가 대부분이고, 남편이 살아 있는 경우에 되는 경우는 흔치 않을뿐더러, 전쟁과 같은 비상시가 아니면 되기 쉽지 않습니다.

결국 열녀를 숭상하는 조선 사회는 원칙적으로 남편이 없는 여자는 재혼이 허용되지 않았으므로, 그만큼 여성들의 삶의 조건은 오늘날 우리가 생각하는 것보다 열악했던 것입니다. 이 또한 조선의 사회적 질서를 유지하기 하나의 방법이겠지요.

불 효

유교적 사회 질서를 유지하는 데는 비단 여성에게만 가혹한 규범이 있었던 것은 아니었습니다. 신분제 사회이니 만큼 신분에 따른 사회적 역할과 그에 따른 규범이 있었습니다. 흔히 분수(分數)라는 것이 그것입니다. 이것을 어길 경우엔 도덕적 비난과 함께 법적인 조치가 수반되었습니다.

일반적으로 국왕을 제외한 모두에게 가장 큰 형벌은 반란죄에 해당하는 모반이나 역모죄에 해당됩니다. 이것은 왕에 대한 불충으로 가장 가혹한 형벌이 주어졌습니다. 이렇듯 사회 질서 유지에 왕에 대한 충성이 절대적이었다면, 도덕의 기초가 되는 개개인에게서는 효도가 매우 중시되었습니다. 그것은 교화의 핵심이며 남녀 모두에게 해당되는 사항입니다.

만약 불효를 저지를 경우, 사안의 경중에 따라 도덕적 비난과 함께 법적인 처벌이 뒤따릅니다. 불효가 가장 심한 경우에는 참형(斬刑)까지도 가능했습니다. 반면에 이름난 효자에게는 국가에서 상을 주고 비를 세우기도 했지만 말입니다.

효도의 종류와 방법에 대해서는 이 『전래 동화 속의 철학』 시리즈 2권에서 자세하게 말했기 때문에 여기서 간단하게 말하면, 자신의 몸을 잘 보존하는 것, 공경하는 것, 잘 모시는 것(侍奉), 순종하는 것, 음식으로 모시는 것(奉養), 바른 길로 가시도록 아뢰는 것(諫言), 제사를 받드는 것, 부모의 뜻을 이어받는 것, 후세에 이름을 남겨 부모와 조상을 영화롭게 하는 것, 다른 사람을 사랑하는 것 등입니다.

그러니까 조선시대의 대부분의 자녀들은 부모에게 효도하는 것이 당연한 것이었고, 실제로 그 당시 대부분의 자식들이 효자였다고 말해도 빈말은 아닐 것입니다. 혹 비정한 부모가 있다면 자신을 따르지 않는 자식들에게 불효 죄를 들먹이며 효도를 강요할 것입니다. 이렇다면 앞의 이야기에서 이 진사는 자신을 따르지 않는 아들과 며느리에게 따르도록 강요할 수도 있었습니다. 그러나 그런 방법은 진정한 가정의 화목을 위한 방법이 아니기 때문에 화목을 잘 시키는 이 진사를 찾아가 자문한 것입니다. 다시 말해 가정의 화목이란 강제적 규범이나 강요에 의해서 되는 것이 아니라, 자율적인 태도로 말미암아 이루어지는 것이기 때문입니다.

법대로 하자

중학교 이상의 학력을 지닌 사람이라면 법과 도덕의 차이점을 잘 말할 수 있을 것입니다. 법은 강제성을 띠고 그것을 어겼을 때 형벌이 따르는 결과 중심이지만, 도덕은 자율적이며 그것을 어겼을 때 사회적 비난을 받거나 양심의 가책을 느끼게 되는 동기(動機) 중심입니다.

사회가 도덕적으로 잘 유지되면 좋겠지만, 그렇지 못하기 때문에 법을 만들었습니다. 단순한 사회에서는 법도 단순하고 복잡한 사회일수록 법도 복잡합니다. 가령 고조선의 8조의 법과 오늘날의 법을 비교해보면 잘 알 것입니다. 따라서 우리가 모든 문제를 법에만 호소하려고 한다면 삭막하고 살벌한 사회적 분위기가 조성됩니다. 갈등이 생겼을 때 합의와 양보 없이 '법대로 하자'는 유행어가 그것을 증명합니다.

특히 가족 내의 문제에서 법대로 하는 경우는 우리 전통에서 금기시되었지만, 어쩔 수 없이 법정에 가는 경우가 있습니다. 가령 이혼 문제라든가 재산 상속 문제, 자식이 봉양하지 않는다는 불효 문제 등에서 그렇습니다. 이 경우 도덕적 힘이 무력해집니다. 법정까지 갔다는 것은 이미 가족 구성원이 되기를 포기했다고 말할 수 있습니다. 이혼은 당연히 그것을 전제로 한 것이지만, 재산 문제의 법정 공방은 이후 결론이 어떻게 나든 다시 화합하기 어렵게 되는 것입니다. 다시 말해 도덕적 차원을 넘어선 가족의 문제는 화합이 힘들어집니다. 이 진사가 김 진사를 찾아간 이유가 바로 이런 것 때문이 아닐까요?

예 법

그런데 예전에 예(禮)라는 것이 있어서 법과 도덕 사이에 놓여 있는 규범이 있었습니다. 공자의 예는 도덕에 가까운 것이고 순자의 예는 법에 가깝습니다. 조선시대는 사실상 순자의 예 사상을 이끌어와 예와 형(刑)으로 다스렸습니다. 예란 이른바 관혼상제와 같은 예법(禮法)으로, 원래 중국 주나라의 통치 제도로서 주례(周禮)라 부르는 것을 모태로 하고 있습니다. 형(刑)이란 범법자에게 내려지는 형벌입니다. 그래서 고대 중국에서는 사대부들에게는 예가, 그 이하의 백성들에게는 형이 적용되기도 했습니다.

각설하고, 오늘날 우리 사회에 남아 있는 관혼상제가 바로 이런 법을 잇고 있습니다. 다시 말해 우리들은 조선시대의 예법에서 완전히 자유로울 수 없다는 것입니다. 비록 그 형태가 전통의 그것과 많이 벗어나 있기는 하지만, 아직도 제사, 상례, 혼인 등 각종 가정의 행사에 많이 남아 있기 때문입니다.

여러분들이 아직 어리다면 이것이 와닿지 않지만, 나이가 들어보면 일상 생활에서 부닥치는 문제가 됩니다. 시간과 돈과 노력이 드는 문제이니까요. 그 것을 내 방식대로 할 수도 없고, 사회적 관습에 따르자고 하니 허례허식이 너무 심하고, 안하면 예를 모른다고 비난받고 하자니 힘들고 아주 고약한 문제입니다.

게다가 요즘 상술을 보면, 미풍양속이라는 미명에 편승하여 혼수품을 비롯하여 예식장이나 장례식장에서 요구하는 비용이 결코 만만치 않습니다. 철모르는 예비 신랑 신부의 허영심을 부추겨 각종 이벤트를 핑계로 요금을 올리고, 장례식장에서는 부모를 잃은 자식들의 슬픔과 경황이 없는 사태를 이용하여 장례용품을 사치스럽고 비싸게 만들어 울며 겨자 먹기 식으로 강요합니다.

문제는 여기서 그치는 것은 아닙니다. 전통의 상부상조의 상호부조 현상이 아직까지 이어지고 있는데, 그것이 좋은 일인지 나쁜 일인지 판단하기가 쉽지 않습니다. 예전에 가난하게 살 때 이웃집에 혼인 잔치를 하거나 상을 당하면 각자가 음식이나 곡식을 내어 서로 돕던 것이, 이제는 돈으로 돕는 것으로 바뀌었기 때문입니다.

요즘 그것은 가난하지 않은 사람들이 더 큰 도움(?)을 받는 일이 되었습니다. 그 주인이 가난한 사람보다 사회적 영향력이 있다면 말입니다. 서로 주고받기 식 행사가 되어버렸습니다. 하긴 어떤 영향력 있는 사람은 한 번 행사에 수억을 받기도 하지만, 반대로 경조비로 연간 몇 백만 원을 지출하는 사람도 보았고, 영향력이 없는 필자 같은 사람도 작년 어느 달에는 몇 십만 원 지출하기도 했습니다. 돈도 문제이지만 그 귀중한 시간 소비는 또 어떻게 하란 말입니까? 장례야 사람이 시간을 정해놓고 죽는 것이 아니니까 어쩔 수 없다 치더라도, 혼례는 주로 주말이나 공휴일에 이루어지는데, 모처럼 휴일에 쉬고자 하는 직장인들에겐 참으로 곤혹스런 일입니다.

이런 현상은 고리처럼 이어져 끊기 어렵습니다. 대를 이어 계속됩니다. 수입이 적은 사람들에게는 하나의 사회적 부채가 됩니다. 가정 경제의 파탄에 일조하지요. 이런 문제의 해결은 사회적으로 부유한 입장에 있는 사람이 우선 해결해야 합니다. 부조금도 안 받고, 가족과 친지 외는 초대하지 않는 일 말입니다. 그러나 결코 쉽지 않을 것입니다. 이들도 뿌린 돈이 많기 때문입니다.

가정 교육

가정 교육의 핵심은 잔소리나 훈계에 있는 것이 아니라 모범, 곧 본보기에 있습니다. 흔히 우리가 하는 말에 '교사나 목사 집안의 아이들이 잘되는 경우는 아주 잘되고, 못 되는 경우는 아주 못 된다'는 것이 있습니다. 이것이 무슨 말일까요? 교사나 목사는 주로 말로 해서 먹고 사는 직업입니다. 학생들이나 신도들을 좋은 말로 이끌어 바른 사람이 되게 하는 것이 주된 일입니다. 그런데 이들이 자기 집에 와서 평소에 자기가 말하던 대로 잘하면 아이들이 믿고 잘 따라서 결국 훌륭하게 되지만, 반대로 밖에서는 훌륭하고 좋은 말만 하다가 집에 돌아와서는 자신의 말대로 행동하지 않는다면 위선자로 여겨, 자녀들이 결국 나쁜 길로 빠지게 되는 점을 두고 한 말입니다.

이렇게 말하면 반박하는 사람도 있을 것입니다. 물론 100% 꼭 그대로 된다는 이야기는 아니고요, 여러분이 다음에 자라 사회과학을 공부해 꼭 그 상관 관계를 밝혀본다면 좋은 연구가 되겠지요. 아마 그런 연구 결과가 어딘가에 있는지도 모르겠네요.

필자가 말하고자 하는 의도는 가정 교육의 절대적인 영향은 가장의 모범에 있다는 점을 말하고 싶어서 이야기한 것입니다. 요즘은 실질적으로 부부 중심의 의사 결정이 이루어지고, 또 자녀들과 많은 시간을 보내는 것은 여성이므로 여성의 태도가 자식들의 교육에 절대적 영향을 미친다고 보면 되겠습니다.

자식 앞에서 스승을 욕하면 자식도 스승을 욕하게 되고, 어버이를 업신여기면 아이도 그렇게 할 것입니다. 자식 앞에서 형제 자매를 헐뜯으면 그도 자라서 그렇게 할 것입니다. 이 얼마나 무서운 일입니까?

효도 교육

효도라고 하는 것도 교육을 통해서 이루어집니다. 원래 교육이란 강요에 의해서 이루어지면 효과가 적습니다. 자발적으로 이루어져야 효과가 만점입니다. 따라서 부모를 잘 모시는 것이 최선의 효도 교육입니다.

필자가 어렸을 때 이웃 마을에 어떤 분이 살았는데 마을에 잔치가 있으면 늘 음식을 들고 집에 가져가는 것을 보았습니다.

아무리 그것이 보잘것없는 것이라 해도 꼭 가져가 부모님께 드렸습니다. 나중에 고등학교에 들어가 옛 시조를 배우면서 그 내용에 작자가 쟁반의 홍시가 맛있어 보이지만 가슴에 품어 집에 가져가도 반겨줄 이가 없어 슬퍼한다는 것이 있었는데, 이 분의 모습을 떠올라 그 시조를 이해한 적이 있습니다.

이렇듯 효도란 부모가 자신의 부모를 잘 모시는 것을 자녀들에게 보여주어야 그 교육적 효과가 만점입니다. 형제끼리 서로 부모를 모시지 않으려고 다툰다면 결코 그들도 자식들에게서 효도를 보장받지 못할 것입니다. 혹자는 이렇게 말할 것입니다. 내가 자식을 위해 그렇게 많이 희생하고 저 잘되라고 이렇게 힘썼는데, 노후에 나를 함부로 대할 수 있느냐고 하겠지만, 아직 사태를 잘 모르고 하시는 말씀입니다.

자식이 장성하면 그 사람 혼자 사는 것이 아닙니다. 남편이 있거나 아내가 있기 때문에 친자식 혼자서 모든 일을 처리할 수 없습니다. 특히 부모를 모시는 입장이 되면 반드시 자신의 배우자와 의논해야 합니다. 의논하지 않고 일방적으로 부모를 모신다면 가정의 화목이 깨지기 때문입니다. 그런데 배우자가 어떤 사람이 될지 미지수입니다. 그 사람이 다행히 효도를 잘 배운 사람일 수도 있겠지만, 요즘 사회 분위기로 보면 전혀 그렇지 못할 가능성이 농후합니다. 그래서 자식에게 아무리 잘해주어도 결코 노후 보험이 될 수 없습니다.

며느리나 사위 입장에서 볼 때 그 잘해주었다는 일이 결혼 이전의 일이고, 결혼 이후에 자기들에게 잘해준 것이 없다면 전혀 효도할 생각이 나지 않겠지요. 효도가 사회 규범으로 강력한 구속력을 지녔던 조선시대가 아니니까요. 더구나 요즘 '싸가지 없는' 자식들은 부모가 자신들에게 유산이라도 제대로 물려주지 않는다면 아예 관심조차도 없다고 합니다.

그러니 효도는 내 자식만 잘 가르쳐서 될 일이 아니라는 결론에 도달합니다. 모두가 잘 가르쳐야 하지만, 그것이 안 되니 학교에서 제대로 가르쳐야 하는데, 학교 교육 과정에 그것이 있기는 하지만 배당된 시간이 너무 부족하고, 또 학교에 바라는 학부모들의 입장도 효도 교육보다 지식을 많이 습득하여 좋은 학교에 진학하는 것을 최우선으로 여기다보니, 효도 교육은 저만치 밀려날 수밖에 없는 것입니다.

「괴팍한 할망구」

다음에 인용한 시는, 스코틀랜드 던디 근처 어느 양로원 병동에서 홀로 외롭게 살다가 세상을 떠난 한 할머니(*조선시대 예법대로라면 '노파'라고 불러야 함)의 소지품 중 유품으로 남겨진 시입니다. 양로원의 간호사들에 의해 발견되어 널리 읽히면서 전 세계 노인들을 울린 감동적인 시로, 이 시의 제목이자 주인공인 '괴팍한 할망구'는 바로 머지않은 미래의 자식들로부터 효도를 기대하기 힘든 우리 자신들 모습이 아닐까요?

당신들 눈에는 누가 보이나요?
간호원 아가씨들,
제가 어떤 모습으로 보이는지를 묻고 있답니다.
당신들은 저를 보면서 대체 무슨 생각을 하나요.

저는 그다지 현명하지도 않고
성질머리도 괴팍하고
눈초리마저도 흐리멍덩한 할망구일 테지요.

먹을 때 칠칠치 못하게 음식을 흘리기나 하고
당신들이 큰소리로 나에게
"한번 노력이라도 해봐욧!"
소리 질러도 아무런 대꾸도 못하는 노인네.

당신들의 보살핌에
감사할 줄도 모르는 것 같고
늘 양말 한 짝과 신발 한 짝을
잃어버리기만 하는 답답한 노인네.

그게 바로 당신들이 생각하는 '나'인가요?
그게 당신들 눈에 비쳐지는 '나'인가요?
그렇다면 눈을 떠보세요.
그리고 제발,
나를 한 번만 제대로 바라봐주세요.

이렇게 여기 가만히 앉아서
분부대로 고분고분
음식을 씹어 넘기는 제가
과연 누구인가를 말해줄게요.

저는 열 살짜리 어린 소녀랍니다.
사랑스런 엄마와 아빠 그리고

오빠, 언니, 동생들도 있지요.

저는 스무 살의 꽃다운 신부랍니다.
영원한 사랑을 맹세하면서
콩닥콩닥 가슴이 뛰고 있는
아름다운 신부랍니다.

그러던 제가 어느새 스물다섯이 되어
아이를 품에 안고
포근한 안식처와 보살핌을 주는
엄마가 되어 있답니다.

어느새 서른이 되고 보니
아이들은 훌쩍 커버리고
제 품에만 안겨 있지 않답니다.

마흔 살이 되니
아이들이 다 자라 집을 떠났어요.
하지만 남편이 곁에 있어
아이들의 그리움으로 눈물로만 지새우지는 않는답니다.

쉰 살이 되자 다시금
제 무릎 위에 아가들이 앉아 있네요.
사랑스런 손주들과 나
행복한 할머니입니다.

암울한 날이 다가오고 있어요.

남편이 죽었거든요.
홀로 살아갈 미래가
두려움에 저를 떨게 하고 있네요.

제 아이들은 자신들의 아이들을 키우느라
정신들이 없답니다. 젊은 시절 내 자식들에게
퍼부었던 그 사랑을 뚜렷이 난 기억하지요.

어느새 노파가 되어버렸네요.
세월은 참으로 잔인하네요.
노인을 바보로 만드니까요.

몸은 쇠약해가고,
우아했던 기품과 정열은 저를 떠나버렸어요.
한때 힘차게 박동하던 내 심장 자리에
이젠 돌덩이가 자리잡았네요.

하지만 아세요?
제 늙어버린 몸뚱이 안에 아직도
16세 처녀가 살고 있음을….

그리고 이따금씩은
쪼그라든 제 심장이 쿵쿵대기도 한다는 것을….
젊은 날들의 기쁨을 기억해요.
젊은 날들의 아픔도 기억해요.
그리고 이젠
사랑도 삶도 다시 즐겨보고 싶어요.

지난 세월을 되돌아보니
너무나도 짧았고
너무나도 빨리 가버렸네요.
내가 꿈꾸며 맹세했던 영원한 것은
세상에 존재하지 않는다는 무서운 진리를
이젠 받아들여야 할 때가 온 것 같아요.

모두들 눈을 크게 떠보세요.
그리고 날 바라봐주세요.
제가 괴팍한 할망구라뇨?
제발,
제대로 한 번만 바라보아주어요.
'나'의 참모습을 말예요.

이 글은 '사랑밭새벽편지'라는 인테넷 사이트에서 보내온 메일에서 인용한 것입니다. 네티즌들 사이에는 널리 알려진 것입니다. 내용이 우리 모두에게 경종을 울리는 것 같아 소개한 것입니다.

효도란 품앗이다

효도를 마치 케케묵은 조선시대의 유물로 생각하는 사람들이 많지만 결코 그런 것이 아닙니다. 결론부터 말하면 미풍양속이면서 훌륭한 사회 보장 가운데 하나였습니다. 요즘은 갈 곳 없는 노인들을 사회나 국가가 대신 보살피기도 합니다. 앞으로 노인들을 보살피지 못하는 가정이 늘어나면, 이제 국가나 사회가 세금으로 노인들을 위한 복지관을 만들어 보살필 수밖에 없습니다. 여기에는 예외가 없습니다. 늙지 않을 사람은 없을 테니까요. 다만 돈 많은 노인들은 좀더 시설이 좋은 곳에 수용되겠지만, 자식들을 자주 보지 못하고 쓸쓸하게 노후를 보내야 하는 것은 매일반입니다.

효도란 품앗이와 같은 것입니다. 품앗이란 무엇입니까? 예전에 농촌에서 이웃끼리 돌아가면서 일을 해주던 것 아닙니까? 오늘은 김 서방네 일, 내일은 박 서방네 일을 서로 돌아가면서 해주던 것이지요. 이처럼 대대로 이어가는 것이 효도입니다. 우리 아버지가 할아버지와 할머니를 잘 모시듯 내가 아버지와 어머니를 잘 모시고, 또 그러면 내 자식들이 나와 내 아내를 잘 모시면, 내 손자들이 내 자식과 며느리를 잘 모시는 것이 대를 이어 계속되는 것입니다. 이처럼 늙지 않을 사람은 없으니까 차례로 효도를 하고 효도를 받는 것이 자연적인 순리가 아닙니까? 인간이란 누구나 늙고 병들게 됩니다. 그때는 누군가 돌보는 사람이 있어야 합니다. 그때 다른 사람보다 자기 가족이나 가까운 사람이 돌보는 것이 가장 낫지 않을까요?

또 이런 논리도 가능합니다. 자식이 태어나 성인이 되기까지 부모의 보살핌을 받습니다. 이제는 부모가 늙고 병들면 그 반대로 자식이 부모를 보살펴야 합니다. 서로 주고받기가 아닙니까? 그런 걸 무시하면 예전에는 인간이 아니라고 보았습니다. 옛날의 가치관으로 본다면 오늘날은 인간도 아닌 사람들로 넘쳐나고 있는 셈이지요.

가정의 화목

가정의 화목은 아무리 강조해도 지나치지 않습니다. 동서고금을 막론하고 다 해당됩니다. 그런데 화목이라고 할 때 부부와 자녀 한두 명, 곧 세 식구 또는 네 식구가 사는 핵가족만을 두고 하는 말은 아닙니다. 부부 간의 갈등이 없는 한 대부분의 핵가족은 화목하게 잘 삽니다. 사람이 성인이 되면 혼인하여 법적으로 새로운 가정을 꾸미지만, 여전히 과거의 가족 구성원으로서 역할과 생활을 하게 됩니다. 물론 며느리나 사위라는 다른 성을 가진 식구가 늘어나게 되지요.

그런데 자식들이 자라서 어른이 되었건만 그들의 부모 입장에서는 여전히 이전 가정의 틀 속에 머물러 있습니다. 문제는 여기서 발생합니다. 각자 다른 가정을 가지고 있으면서, 또 하나의 이전 가정의 구성원이 되는 셈이지요. 이렇게 이전의 가정과 새롭게 만든 내 가정 사이에 갈등이 생기게 되면 가정의 화목이 깨지게 됩니다.

가정의 화목이 깨지는 것은 가족 구성원들 사이의 갈등에서 비롯하는데, 그 갈등은 형제 사이에서 또는 시어머니와 며느리 사이에서의 갈등이 가장 많고 적게는 자식들과 부모, 사위와 처가 식구들 사이의 갈등을 들 수 있습니다. 그리고 종교적 갈등도 허다합니다.

그런데 다 자란 형제끼리의 갈등 요인 가운데 가장 큰 것은 유산 문제입니다. 부모의 유산을 누가 많이 가졌느냐 적게 가졌느냐의 문제를 놓고 서로 다투게 되는 경우입니다. 합리적으로 나누어주었다면 문제가 없겠지만, 그렇게 하지 못했을 때는 형제끼리 갈등의 골이 깊어집니다. 결국 그 문제는 나중에 부모를 누가 모시느냐의 문제로 전환되고, 서로 오해하고 다투기도 하여 형제끼리 원수처럼 지내는 경우가 많습니다. 이 경우는 유산이 없는 집보다 유산이 많은 집이 더 요란합니다.

이처럼 어릴 때는 네 것 내 것 없이 잘 지내다가 커서 이렇게 유산 문제로 원수처럼 지내는 것은 무슨 까닭일까요? 사위나 며느리 등 다른 성을 가진 사람이 가족 구성원으로 들어왔기 때문이라고 섣불리 말하는 사람들도 있지만, 이 문제를 해명하는 데는 그리 간단하지 않습니다. 여러분들은 대체로 나이가 어리기 때문에 그런 일이 없을 것이라고 장담하겠지만, 나중에 나이 들어 그렇게 된다면 왜 그랬는지 꼭 따져보기 바랍니다.

제가 철학자이기 때문에 철학적으로 한 가지 설명이 가능합니다. 형제끼리 잘 지내야 한다거나 부모께 효도를 해야 한다는 것은 일종의 도덕적 규범입니다. 여기서 도덕적 규범을 잘 준수한다는 것은 그만큼 그 사람이 이성적 판단과 실천 의지가 강해야 하는데, 보통 사람들의 이성이란 이익이나 욕심 앞에서는 대단히 무력한 존재입니다. 이성이란 인간이 옳고 바르게 판단하는 능력인데, 범인(凡人)들이 눈앞의 작은 이익보다 공동체의 원대한 이익을 꿈꾸기는 어렵겠지요. 예전에는 도덕적으로 성숙한 사람을 군자(君子)나 대인(大人)이라 불렀습니다. 오늘날은 양심적 지식인 또는 도덕적인 인간이라고 할까요. 자기 자신을 진정으로 사랑하는 사람은 이렇게 할 것입니다. 그러니까 당장 눈앞의 이익을 위해 가정의 화목을 깨는 사람은 그가 누구든지 간에 작은 이익을 탐하는 소인배에 불과합니다. 그가 종교인이라면 천국이나 극락과는 거리가 먼 사람입니다.

그리고 며느리와 시어머니의 갈등은 대체로 양가의 문화나 세대 차이, 혼수 문제에서 비롯하는 것이 대부분입니다. 요즘 항간에 떠도는 소문 가운데 딸 가진 부모들은 이렇게 교육시킨답니다. 절대로 시부모와 같이 살지 말고, 그러기 위해서는 장남과 연애하지 말라고 말입니다. 그리고 집안일도 가르쳐주지 않는답니다. 왜냐고요? 일 잘하면 시집가서 고생만 한다나요. 그리고 재산이 있으면 딸을 시집보낼 때는 한꺼번에 몽땅해주고, 아들에게는 조금씩 자주 줘야 한답니다. 왜냐하면 딸은 한꺼번에 몽땅 주어야 혼수 많이 해왔다고 대접받고 살며, 아들은 그렇게 해야 자주 찾아온다나요.

물론 우스갯소리이기를 바랍니다만, 돈 들여 온갖 정성으로 키운 딸자식을 다른 집안에 시집보내는 것이 여간 섭섭한 일이 아니기 때문에 나온 말이라는 생각이 듭니다. 딸을 공부시켜 돈 잘 벌게 만든 것은 딸의 장래를 위한 것이지 시집을 위한 것은 아니라는 겁니다. 사위도 자식이며 며느리도 자식입니다. 결국 남의 사위나 며느리가 된 사람도 자기 부모 못지않게 배우자의 부모를 잘 모셔야 하고, 자기 부모도 소홀히 해서는 안 됩니다. 더구나 요즘은 자식이 한두 명에 불과한데 예전처럼 출가외인이니 백년손님이니 그런 식으로 딸이나 사위를 대해서는 안 되겠지요. 다 같은 자식으로 인정해야 합니다.

가정도 경영을 해야

어쨌든 요즘 주위를 둘러보면 화목한 가정이 많지 않습니다.

여기서 그 이유를 다 밝힐 수는 없지만, 이럴 때일수록 앞의 이야기가 들려주듯이 가장, 곧 부모의 역할이 매우 중요합니다.

앞의 이야기에서 이 진사가 김 진사를 찾아간 것도 자신의 가정을 이끌어가는 데 문제점이 있기 때문에 간 것입니다. 자신의 문제점을 알고 고치려는 사람은 희망이 있습니다. 지금껏 가정이 있는 성인 남성들은 가정 문제를 대부분 아내에게 맡겨 두고 자신은 직장 일에만 몰두하는 사람이 많았습니다. 필자가 볼 때는 매우 위험한 일입니다. 오늘날 가정이 이렇게 문제투성이가 된 것도 따지고 보면, 지금의 나이든 대부분의 남성들이 한창 일할 때 가정을 제대로 돌보지 못해서 생기는 문제라고 생각한다면, 부부가 모두 몽둥이 들고 절 찾아오겠지요?

자, 차분하게 생각해봅시다. 남성들에게 가정을 잘 돌보지 못했다는 것은 경제적으로 돌보지 않았음을 말하려는 것이 아닙니다. 직장 생활에 바빠서 청춘을 회사에 바치기까지 하면서 국가 경제 발전을 위해 고생하느라 가정 경영을 제대로 하지 못했다는 것입니다. 아내를 믿고 그저 밖에 나가서 열심히 일만 했다는 점입니다.

이렇게 말하면 이제 모든 죄를 집에 있는 아내에게 다 뒤집어 씌운다고 여성 여러분들이 또 항의할 것입니다. 제 말의 본뜻은 그게 아닙니다. 여성들도 살림하면서 아이들을 집에서 열심히 키웠지요. 그게 무슨 문제가 됩니까? 그렇지 않습니다. 어린이들은 남성과 여성의 역할과 하는 일을 보고 조화로운 인격으로 성장해갑니다. 남성적 성격과 여성적 성격의 장단점을 누구나 갖고 있습니다. 그런데 아이들이 그런 성 역할을 골고루 체험할 수 있는 기회를 상실하고 일방적으로 어머니가 인도하는 대로 자랍니다.

그래서 아이들은 아버지에게서 배울 것과 어머니에게서 배울 것을 동시에 체험하면서 자라야 합니다. 그래야 균형 잡힌 인격을 형성하게 되고 가족 내에서 사회적 역할이나 모델을 발견하여 건전한 사회인으로 성장하게 됩니다. 이때 가장의 역할을 남편이나 아내 중 누군가 할 수도 있고 아니면 동시에 할 수도 있지만, 그 역할이 매우 중요합니다. 대개 부모들은 내 가족이니까 내 자식들이니까 내 마음대로 해도 된다는 생각을 은연중에 하게 되는데, 대단히 위험한 발상입니다. 이 진사가 그것을 말해주고 있지 않습니까?

가족이란 가장 친한 사람들이지만 이럴수록 가장의 역할을 맡은 사람은 나름대로 합리적인 경영을 해야 합니다. 아무리 작은 조직이지만 이들의 신뢰를 얻고 자발적인 협조를 구하려면 가족을 잘 이끌어야 합니다. 그래야 화목하게 됩니다. 그뿐만 아니라 아이들도 합리적인 태도와 바람직한 지도자상을 배우게 되지요.

그 방법은 무궁무진합니다. 결국 부모가 공부를 해야 합니다. 아이들에게만 공부하라고 소리를 질러서는 더욱 안 됩니다. 공부를 해보면 잔소리를 하지 않고도 아이들 스스로 공부하도록 만드는 방법이 있습니다. 과외 공부시키지 않아도 열심히 공부하게 만드는 방법도 있습니다. 외국 유학이나 연수를 시키지 않아도 스스로 영어를 잘하게 하는 방법도 있습니다. 문제는 이처럼 스스로 공부하거나 노력하지 않고 돈으로만 해결하려고 하니 힘만 들고 성과는 적은 것입니다. 부모들이여, 하루에 10분이라도 좋으니 아이들에게 책 읽는 모습을 보여줍시다.

❓ 생각해볼 문제

[1] 오늘날에도 효도는 꼭 필요한 것입니까? 필요하다면 그 이유는 무엇일까요? 그렇다면 여러분도 자신의 부모뿐만 아니라 남편이나 아내의 부모까지도 잘 모실 수 있나요?

[2] 오늘날에도 가부장적인 제도 때문에 여성들이 억압을 당하고 있다고 생각합니까? 아니면 그 반대라고 생각합니까? 자신의 근거를 가지고 의견을 써보시오.

[3] 유교가 그동안 우리 사회에 끼친 긍정적인 점과 부정적인 폐단을 열거해보시오.

셋째 마당

신기한 샘물
―생명의 근원은 골고루 나누는 것

신기한 샘물

①

옛날에 가난한 나무꾼이 살았어. 이 나무꾼이 하루는 산에 가서 나무를 하는데 노루 한 마리가 절뚝절뚝 달려오더래. 가만히 보니까 뒷다리에 화살이 박혀 있어. 아마도 사냥꾼에게 쫓기는 신세인가봐.

어찌나 불쌍하든지 얼른 나뭇짐 속에 숨겨주었어.

그러고 나서 나무를 하고 있는데, 아니나 다를까 활을 든 사냥꾼이 헐레벌떡 달려와서,

"이리로 화살 맞은 노루 한 마리 오는 것 못 보았소?"

하고 물었지.

"못 보았는걸요."

그랬더니 사냥꾼은 그냥 가버리더래.

사냥꾼이 아주 멀리 가서 안 보이게 되었을 때 나뭇짐을 헤치고 노루를 꺼내주었어.

그리고 뒷다리에 박힌 화살도 뽑아주었지.

노루는 고맙다는 듯이 머리를 끄덕끄덕하면서 절을 하더니 절뚝거리면서 걸어가. 저렇게 다친 다리로 어디를 가나 하고 나무꾼이 가만가만 뒤따라가 보았지. 노루는 깊은 골짜기로 들어가더니 커다란 바위 밑에서 걸음을 멈추더래. 바위 밑에는 조그마한 옹달샘이 있는데, 물이 아주 맑아보여. 노루가 뒷다리를 샘물에 담그니까 신통하게도 상처가 말끔히 낫지 뭐야. 노루는 언제 다리를 다쳤냐는 듯이 껑충껑충 뛰어 어디론가 가버리겠지.

그것 참 신기한 샘물이구나 생각하고, 샘물이 있는 자리를 잘 보아두었지.

며칠 뒤에 나무꾼이 나무를 하다가 그만 낫에 손을 베었어. 손에 피가 철철 흐르니 야단났지. 며칠 전에 노루가 가던 옹달샘이 생각나서 얼른 그리로 달려갔어. 다친 손을 샘물에 담갔더니 금방 피가 멎고 상처가 감쪽같이 아물어버리지 뭐야. 그것 참 신통하지.

그러고 나서 나무꾼은 누구든지 다친 사람을 보면 샘이 있는 자리를 일러줬어. 나무꾼이 일러준 대로 샘을 찾아가 다친 곳을 물에 담근 사람은 감쪽같이 나았지. 다친 사람뿐이 아니고 신경통에 걸린 사람, 몸에 버짐이 난 사람도 그 샘물에 아픈 곳을 담그기만 하면 신통하게도 나아버린단 말이야. 그러니 소문이 퍼져서 먼 곳에 사는 사람들도 막 몰려오게 되었대. 하루에도 몇 백 명이 몰려와서 병을 고쳐가거든. 참 좋은 일이지 뭐야.

그런데 이웃 마을에 욕심쟁이 영감이 살았어. 이 영감이 소문을 들어보니 배가 아파 견딜 수가 없어.

'아이고, 바보 천치 같은 나무꾼 녀석 같으니라고. 내가 먼저 알았으면 샘물을 돈 받고 팔아서 부자가 되었을 텐데. 한 쪽박에 한 냥씩 받아도 하루에 몇 백 냥을 벌 텐데. 아이고 배야.'

욕심쟁이가 배를 앓다가 못해 나무꾼을 찾아갔어.

"여보게, 자네가 찾아냈다는 샘물을 나한테 팔게나. 내 돈을 두둑이 줄 터이니."

착한 나무꾼은 펄쩍 뛰지.

"샘물을 팔다니요? 그 샘물은 제 것도 아니려니와, 사고팔고 하는 것도 아니올시다."

이렇데 되자 욕심쟁이는 못 된 꾀를 냈어. 살림을 다 팔아서 돈을 바리바리 싣고 고을 원을 찾아갔지. 고을 원에게 은근슬쩍 돈을 바치고나서,

"아이고, 사또. 이런 원통한 일이 어디 있겠습니까요. 그 샘물로 말씀드릴 것 같으면 예전에 저희 할아버지가 사냥을 하다가 찾아낸 것이랍니다. 할아버지가 돌아가실 때 그 샘물을 저에게 물려주시면서, 아무에게도 알리지 말고 요긴하게 쓰라고 해서 지금까지 숨겨왔던 것이랍니다. 그런데 이제 와서 남들이 제 것인 양 쓰고 있으니 이런 당치 않은 일이 어디 있습니까요. 사또께서 그 샘물을 도로 찾아주시면 물 값을 받아 반을 바치겠습니다요."

이러고 거짓말을 늘어놓았지. 고을 원도 그게 거짓말인 줄 뻔히 알지만, 돈을 많이 받은 데다가 물 값을 받으면 반을 바치겠다니 욕심이 스멀스멀 솟아오르지. 그래서 은근슬쩍 욕심쟁이 편을 드는구나.

"그것이 이치에 맞는 말이로구나. 여봐라, 이제부터 그 샘물은 이 사람 것이니 아무도 주인 허락 없이 함부로 쓰지 못하게 하렷다."

욕심쟁이는 얼씨구나 좋다 하고, 그 날부터 샘가에 울타리를 치고 드나드는 사람들에게 돈을 받기 시작했지 뭐냐. 사람들은 어처구니가 없었지만, 고을 원을 등에 업고 장사하는 데야 말릴 재간이 있나. 병은 고쳐야겠고 돈을 안 내면 들여보내 주지를 않으니, 울며 겨자 먹기로 한 쪽박에 한 냥씩 돈을 내가며 샘물을 썼단다. 그 바람에 욕심쟁이는 아주 부자가 됐지.

그러던 어느 날, 나무꾼이 나무를 해가지고 오다가 발을 헛디뎌 그만 낭떠러지에 굴러 떨어지고 말았어. 그 바람에 온몸에 상처를 입고 몸져눕게 되었지. 드러누워 있으면 나무를 할 수 없고, 나무를 못 하면 당장 끼니를 이을 수 없으니 어떻게 해. 아픈 몸을 겨우겨우 가누며 샘을 찾아갔지. 샘물에 몸을 적시면 나을 테니까 말이야. 그런데 욕심쟁이가 울타리를 치고 버티고 있는 바람에 들어갈 수가 있나.

"보다시피 온몸에 상처가 심합니다. 다친 곳에 물 한 쪽박만 적시게 해주시오."

나무꾼이 애원을 해도 욕심쟁이는 막무가내로구나.

"돈만 내게. 돈만 낸다면야 한 쪽박이 아니라 열 쪽박이라도 쓰게 해주지."

돈이 없으니 어떻게 하나. 하는 수 없이 절뚝거리며 집으로 왔지. 나무꾼은 샘물 값이라도 벌려고 다음 날부터 억지로 일어나 산에 나무를 하러 갔어. 나무를 하다가 너무 지쳐서 그만 잠이 들었나봐. 잠결에 발치께에서 무엇이 작신거리기에 눈을 떠 보니, 노루 한 마리가 와 있더래. 가만히 보니 지난 날 사냥꾼에게 쫓기는 걸 살려준 바로 그 노루 같거든. 어떻게 하나 보고 있으니까, 이 노루가 핼끗핼끗 돌아보면서 어디론가 자꾸 가려는 눈치야. 따라오라고 그러나 싶어서 따라가보았지. 노루는 지난 날 갔던 곳보다 더 아래쪽 골짜기로 내려가더니, 바위틈에 있는 옹달샘 앞에서 걸음을 멈추더래. 샘물을 한 번 보고, 나무꾼을 한 번 보고, 이러지 뭐야.

'옳지. 저 샘물에 몸을 적셔보라는 뜻이렷다.'

나무꾼은 얼른 샘물을 떠다 다친 곳에 적셔보았어. 그랬더니 신통하게도 상처가 말끔히 아물면서 온몸이 가뿐해지겠지.

마음씨 착한 나무꾼이 이 샘물을 혼자서 쓸 리 있나. 널리 소문을 내어 누구든지 쓰도록 했지. 다친 사람들은 너나 할 것 없이 모두 아래 골짜기 샘으로 몰려들었어. 아, 똑같이 병 고치는 샘물인데 누가 돈 내고 쓰는 위 골짜기 샘으로 가려고 하겠어. 그러니 욕심쟁이가 지키는 샘에는 아무도 얼씬거리지를 않지. 게다가 그 날부터 가뭄이 들어서 위 골짜기 샘물은 점점 물이 줄어들더니 며칠 뒤에는 아예 말라붙어버렸다네.

욕심쟁이는 돈을 벌 수 없으니 또 배가 아프기 시작했어. 혼자서 끙끙 앓다가 또 나무꾼을 찾아갔지.

"여보게, 접때는 내가 실수를 했네. 내 웃돈을 얹어줄 테니 자네 샘물하고 내 샘물을 맞바꾸세나."

나무꾼은 이번에도 펄쩍 뛰지.

"제 샘물이 어디 있다고 그러십니까? 아래 골짜기 샘물은 제 샘물이 아닙니다. 굳이 임자가 있다면 산짐승들이 임자겠지요."

욕심쟁이가 어디 그냥 물러설 사람인가. 이번에도 돈을 바리 바리 싣고 고을 원을 찾아갔겠다.

"아이고, 사또. 원통합니다요. 원래 우리 할아버지가 찾아낸 샘물은 위 골짜기 것이 아니라 아래 골짜기 것이랍니다. 왠지 물이 빨리 마른다 했더니 가짜 샘물이라서 그런 줄 누가 알았겠 습니까요. 아래 위 샘물을 맞바꾸게 해주시면 물 값을 받아 열에 일곱을 사또께 바치겠습니다요."

엉큼한 고을 원은 이번에도 욕심쟁이 편을 들지.

"여봐라, 아래 위 골짜기 샘물을 서로 맞바꾸도록 하여라."

이렇게 해서 욕심쟁이는 아래 골짜기 샘에 더 튼튼한 울타리 를 치고 밤낮으로 지키며 물 값을 받아냈단다. 그런데 얼마 가지 않아서 큰 장마가 지는 바람에 아래 골짜기 샘터는 온통 흙탕물 에 휩쓸려가 버렸다지. 튼튼하게 쳐둔 울타리도 떠내려가 버리 고, 울타리와 함께 욕심쟁이도 떠내려가 버렸대. 고을 원이 사는 집도 원과 함께 떠내려가고.

신기한 샘물은 영영 사라져버렸을까? 아니야. 위 골짜기 샘에 는 다시 맑은 물이 퐁퐁 솟아나기 시작했대. 나무꾼은 백성들한 테 칭찬을 받으며 오래오래 잘 살았단다.

(『호랑이 잡는 기왓장』, 서정오 글·이우경 그림, 보리, 1991에서)

나무꾼과 욕심쟁이 영감

전래 동화에 계모만큼이나 많이 등장하는 이가 나무꾼입니다. 이야기 속에서 나무꾼을 어떻게 이해해야 할까요? 나무꾼에 대해서는 필자가 쓴 『전래 동화 속의 철학』시리즈 제3권에서 이미 자세히 다루었기 때문에 간단히 살펴보겠습니다.

나무꾼이란 말 그대로 산에 가서 나무를 잘라 팔아서 먹고사는 사람입니다. 그렇게 하는 이유는 그에게 농사지을 땅이나 재산이 없기 때문입니다. 이야기에 등장하는 나무꾼 가운데 가장 흔한 나무꾼은 홀어머니를 모시고 사는 총각입니다. 우리가 잘 아는 「나무꾼과 선녀」에서도 그런 나무꾼이 등장하지요. 그러니까 사회적으로 볼 때 하층민에 속한 사람, 가장 힘없고 불쌍한 백성 가운데 하나입니다. 초자연적인 힘이 도와주지 않는 이상

늘 당하기만 하는 연약한 존재이지요.

심리적으로 볼 때 나무꾼이 상징하는 것은 순박하고 착하기만 하지, 술수나 흉계를 전혀 모르는 순진한 인간일 수 있습니다. 또 부모나 보호자로부터 정신적으로나 가정 내의 역할에서 독립해야 하거나 독립하고 있는 사람을 상징한다고 볼 수 있습니다. 아니면 사회적 역할에서 새로운 출발을 하는 사람이라고 말할 수도 있습니다. 곧 재산이나 특별한 재능을 가지고 있지 않은 초보자를 말하지요.

반면에 욕심쟁이 영감은 무엇을 상징할까요? 우리가 잘 아는 이야기 속에는 욕심쟁이 영감이 때로는 심술쟁이 영감으로 많이 등장하는데, 특히 황 부자 영감으로 많이 나옵니다. 왜 하필이면 '황 부자'일까요? 아마도 '황'이라는 성씨가 황금색을 나타내는 '황(黃)'과 관련이 되니까 이렇게 이름을 붙였는지 모르겠습니다.

그런데 이런 부자가 왜 영감일까요? 아마 요즘말로 한다면 보수적인 기득권층을 상징하기 때문입니다. 대개 노인은 보수적이고 그동안 살아온 경험과 지혜로 재산을 많이 모은 사람입니다. 이런 보수적인 기득권층을 동화에서는 욕심쟁이 영감으로 표현하고 있는데, 이것은 아마도 '가진 자가 더 가지려고' 하는 이들의 속성을 대변하고 있는 것 같습니다. 좀더 확대시킨다면, 나무꾼은 맨몸으로 새로운 일을 시작하는 세력이나 사람이고, 부자 영감은 보수적인 관습이나 문화를 대변한다고 말할 수 있습니다.

심리적으로 볼 때도 욕심쟁이 영감은 우리 심리의 또 다른 측면을 나타냅니다. 곧 사람들의 욕망이 끝이 없음을 이 욕심쟁이 영감을 통해서 드러냅니다. 집이 없는 사람은 내 집을 가지려 하고, 내 집을 가지면 더 큰 집을 가지려고 합니다. 자동차도 마찬가지입니다. 그래서 욕심쟁이 영감은 재산이 넉넉한데도 더 가지려고 술수를 부립니다.

그런데 이 영감은 인간의 한없는 욕망을 상징하기도 하지만, 자기보다 많이 갖거나 잘난 사람에 대한 시기와 질투를 상징하기도 합니다. 대부분의 사람들의 심리 속에 이러한 구석이 있고, 그래서 동화에 등장하는 말 '아이고 배 아파!'가 또는 '사촌이 논을 사면 배가 아프다'가 그것을 단적으로 표현한 말입니다. 그래서 영감은 자기가 알고 있는 지식과 경험을 살려 온갖 흉계를 꾸밉니다.

사슴과 샘물

옛 이야기에서 나무꾼과 짝이 되어 등장하는 동물에는 호랑이나 사슴 또는 노루가 주종을 이룹니다. 우리가 잘 아는 「나무꾼과 선녀」에서도 사슴이 등장하지요. 사슴은 토끼와 함께 연약한 동물로 그려집니다. 그래서 문학적으로는 연약한 여성 또는 순박하고 영혼이 맑은 인물을 상징하기도 합니다.

대개 동화에서는 주인공이 사슴, 때로는 노루를 도와주고 은혜를 갚은 것으로 묘사되는데, 이 밖에 은혜를 갚은 동물에는 잉어, 자라, 까치, 두꺼비 등이 등장하기도 합니다. 이처럼 사슴과 나무꾼은 모두 힘없는 존재로서 동병상련의 처지에 놓임으로써 서로 돕는 관계를 형성합니다.

그런데 샘물은 또 무엇을 상징할까요? 대개 동서양을 막론하고 물은 생명을 상징합니다. 샘물은 물의 시작이므로 생명의 근원을 말합니다. 이 이야기에서도 샘물이 병을 치료하는 역할을 하는데, 바로 샘물이 생명의 근원이라는 점을 은연중에 나타내고 있는 것이지요. 생명수로서 등장하는 또 「이상한 샘물」이라는 다른 이야기도 있는데, 할아버지가 젊어지는 샘물을 욕심 때문에 너무 많이 마시는 바람에, 사람들이 찾아가니 어린 아기로 변해 있더라는 이야기 말입니다.

이렇듯 생명의 근원은 누가 독점할 수 있는 것이 아닙니다. 모든 종교나 철학에서 보편적으로 이렇게 주장합니다. 그것을 독점하려는 사람은 파멸에 이릅니다. 이 이야기의 결말이 그것을 말해주고 있습니다. 그러니까 생명의 근원은 모두가 공유하는 것입니다. 넉넉하게 나누어 가져야 한다는 것입니다.

그런데 여기서 한 가지 우리가 주의 깊게 살펴보아야 할 것은, 그러한 생명의 근원은 거저 주어지는 것이 아니라, 순수하고 욕심이 없는 사람을 통해 모든 사람에게 전달된다는 점입니다. 신학적으로 말한다면 신은 그런 순결하고 흠이 없는 사람을 통해 모든 사람을 살리게 하고 이롭게 하는 것입니다. 일종의 선택된 사람이라고 하지요. 생명에 접근하는 것이란 바로 이런 것입니다. 욕심과 오만과 탐욕으로는 생명의 근원에 접근할 수 없다는 점이지요.

탐욕으로 생명의 근원에 접근할 수 없어

욕심쟁이 영감은 탐욕 때문에 술수를 부려 병을 고칠 수 있는 샘물을 독점하려다 결국 화를 당하게 됩니다. 그를 부당하게 도운 고을의 원님도 같은 신세가 됩니다. 이 이야기는 생명의 근원, 곧 누구나 함께 누려야 할 것을 한두 사람이 독점하려다 파멸에 이르게 되었다는 것을 은유적으로 그려내고 있습니다.

누구나 공평하게 함께 누려야 할 것에는 어떤 것들이 있지요? 다시 말해 생명의 근원 또는 터전은 무엇일까요? 우선 가장 가까이 있는 것을 고른다면 물이나 공기, 땅, 경치 등의 자연이지요. 그래서 강물을 누가 다 차지할 수도 없고, 땅을 누군가 다 차지해서도 안 되는 것입니다. 생명의 근원은 공짜로 모두가 나누는 것입니다. 돈을 받고 사고파는 것이 아닙니다. 이것은 자연의 선물입니다.

오늘날 우리가 개발이라는 명분으로 자연을 마음대로 훼손하는데, 이것은 바로 오늘을 사는 우리 인간들이 미래의 인간을 포함한 생물들이 누려야 할 터전을 약탈하거나 망치는 것이며, 종국적으로 지구상의 모든 생물에게 대재앙을 가져오게 하는 것입니다. 마치 브레이크 없는 기관차처럼 쉬지 않고 달려가는데 어디서 멈출지 앞이 보이지 않는 상황과 같습니다. 우리의 현대 문화가 이 동화의 욕심쟁이 영감은 아닐지 모르겠습니다.

가진 자의 탐욕, 천벌 받는다

앞에서는 이야기를 좀더 근원적으로 해석해보았습니다. 전래동화를 만든 사람들이 무의식적으로 그런 관념이나 생각을 동화 속에 들어가게 했을지 모르기 때문입니다.

그러나 더 현실적으로 동화를 바라볼 시점이 되었습니다. 왜냐하면 동화를 만든 민중들은 풍자나 은유로서 현실을 비판하기도 하고, 현세에서 받는 억눌림과 억울함을 이야기를 통해 정화하고자 하는 속성을 지녔기 때문입니다. 가령 경북 안동의 하회탈춤이나 경남 통영이나 가산의 오광대놀음을 보아도 확인할 수 있습니다. 민중들이 양반의 위선을 풍자와 해학으로 풀어내는 것 말입니다.

그래서 우리는 이 「신기한 샘물」 이야기를 다음과 같이 생각해볼 수 있습니다. 나무꾼은 가난한 백성이나 농민을 상징합니다. 사슴은 농민이나 백성을 새로운 삶의 터전으로 안내하는 매개체입니다. 샘물은 삶의 터전인 개간한 토지이거나 산업일 수 있습니다. 이들은 새로운 삶의 터전에서 생업에 종사합니다.

그런데 그러한 터전을 욕심내는 기득권자가 권력, 곧 관료들과 결탁하여 빼앗아버립니다. 민중들은 새로운 터전을 다시 마련합니다. 그러나 또다시 권력과 결탁한 가진 자들이 그것을 다시 빼앗아버립니다. 이런 일은 계속해서 반복됩니다. 여기까지가 현실입니다.

그런데 이야기는 여기서 끝나지 않았습니다. 홍수가 나서 욕심쟁이 영감과 원님을 몽땅 쓸어갔습니다. 이것은 실제로 이렇게 되었다기보다 민중들의 한(恨)이 이야기 결말에 반영된 것입니다. 기독교 식으로 말한다면 하나님의 심판이지요. 성서, 특히 구약성서에는 이러한 민중들의 한이 신화의 결말로 반영되어 있습니다. 우리가 읽은 이 이야기와 전혀 다르지 않습니다. 다만 여기서는 홍수라고만 하고, 신의 심판을 들먹이며 그것을 신앙적 시각에서 서술하지 않았을 뿐입니다.

현실 속에서는 가진 자의 횡포와 그들 편에 선 관리들의 부조

리를 전혀 감당할 수 없기 때문에 이야기 속에서라도 그들의 죄악을 심판하고 싶었던 것입니다. 이 이야기가 아주 오래되고 집단적으로 같은 신을 믿는 민중들에게서 전승되었다면 틀림없이 신의 심판으로 홍수가 나 욕심쟁이나 원님이 죽었다고 말할 것입니다. 문화적 배경이 다르니까 이렇게 단순하게 설명한 것뿐입니다. 단지 신앙의 눈으로 보지 않았다는 것이 차이점입니다.

그런데 여기서 주목하고 싶은 것은 욕심쟁이 영감이 오늘날 부동산 투기하듯 자신의 재물을 다 팔아 '올인'했다는 점입니다. 이런 것을 자본주의 사회에 사는 사람들은 정당한 투자라고 강변할지 모릅니다. 가령 이렇게 생각해봅시다. 국가 소유의 땅에 농민들이 경작지를 만들어 개간하였는데, 어떤 사람이 그 땅을 욕심내어 관청 공무원들에게 뇌물을 주고 땅을 불하받아 자기 것으로 만드는 과정을 말입니다. 물론 다른 말썽을 대비해 변호사를 통해 법적으로 아무 하자 없이 만들겠지요. 실제로 이런 일은 우리의 현대사에서 얼마든지 볼 수 있습니다.

옛날 식으로 말하면 그 당시 땅은 모두 나라의 소유이니까 개인은 경작권만 가지고 있습니다. 대부분의 농민은 그것도 없고 단지 소작농으로 살았지요. 그런데 농민들이 새로운 경작지를 개간하게 되면 부자나 지주들이 관청과 결탁해서 이들의 땅을 빼앗는 일이 비일비재했습니다. 심지어 새로운 땅을 개간하면 세금을 면제해준다고 해놓고, 실제로는 그 약속을 지키지 않고 가혹하게 세금을 올려 착복하는 경우도 많았습니다. 또 부자들, 곧 지방 세력가들은 자기 땅의 경계를 점점 이웃의 힘없는 농민 땅까지 긋고 점차 잠식하가는 방법을 쓰기도 했습니다.

그러니까 이런 경험을 가진 민중들은 자신들의 생각을 은유적으로 표현한 것이 바로 이런 종류의 이야기라는 것입니다. 이해가 됩니까?

생명의 근원은 골고루 나누는 것

토지나 샘물이나 숲 등 자연은 어떤 사람이나 단체가 독점해서는 안 되는 것입니다. 그것은 인간 모두가 누려야 하는 생명의 근원이기 때문입니다. 개인의 사유지 확대는 필연적으로 이런 비극을 초래할 것입니다.

어느 신문의 보도에 따르면 현재 우리나라 인구의 1%인 50만 명이 전체 개인 소유 토지의 57%를 소유하고, 총 1785만 가구의 40%는 땅 한 평도 없고, 주택보급률이 106%에 이르는데도 44%인 700만 가구가 여전히 집이 없는 정의롭지 못한 현실에 살고 있습니다. 기득권자들이나 보수층들은 땅이나 주택 등의 생명의 터전을 골고루 나누지 못했을 때 어떤 일이 벌어질지 아직 상상을 못하는 것 같습니다. 역사를 조금이라도 관심 있게 들여다보면 금방 알 수 있을 텐데 말입니다.

땅도 그렇지만 대도시 사람들에게는 쉴 곳도 조용히 안식을 취할 곳도 거의 없습니다. 감옥과 같은 도시 속에서 시계추처럼 직장과 집을 오가기만 반복했지, 편히 쉴 자연과 휴식 공간이 절대적으로 부족합니다. 별장이나 전원 주택은 단지 꿈일 뿐이고, 주변에 널따란 공원이라도 있으면 좋으련만 그렇지 못한 것이 현실입니다. 하다못해 등산을 해서라도 자연의 생명력을 맛보려고 합니다. 그러나 너무 많은 사람들이 산을 찾다보니, 이제 전국의 산도 훼손되고 황폐해져 신음하고 있습니다.

그런데 이 생명의 근원은 인간끼리만 공유한다고 되는 것도 아닙니다. 인간의 무분별한 개발로 인하여 동물들이 멸종하고, 생물의 다양성이 줄어들고 있습니다. 따라서 동식물을 포함한 모든 생물이 공유해야 한다는 결론에 도달합니다. 생명을 가진 것은 인간만이 아니기 때문입니다.

자연을 정복하고 개발하려는 인간의 오만함에서 벗어나 모든 생물이 공생해야 한다는 대승적 안목이 필요할 때입니다. 이 지구상에 생명의 기운이 넘쳐날 때 비로소 인간도 건강하게 살 수 있습니다. 감히 누가 생명의 근원을 독점하려고 합니까? 그러면 오직 재앙이 있을 뿐입니다. 천벌 말입니다.

소유에 대한 욕망

대부분의 전래 동화에서 욕심쟁이들은 다른 사람이 많이 가지거나 부자가 되는 것을 배 아파하고 어떻게 해서든 더 많이 가지려고 합니다. 정작 자신은 먹고 살기 넉넉한데도 말입니다.

도대체 이렇게 더 많이 가지려는 욕망은 왜 생길까요? 이런 욕심쟁이들에게만 있는 것일까요? 현대의 우리들에게는 없는 것일까요? 가령 자기 집이 없는 사람은 20평형짜리 아파트라도 있으면 좋겠다고 생각합니다. 그러다가 돈을 모아 그것을 사면, 얼마 지나지 않아 그 아파트가 좁아보이고 불편해 적어도 30평형 아파트가 있으면 좋겠다고 생각합니다. 또 그것을 마련하고 거기서 좀 살다보면 더 큰 아파트를 원합니다. 그리고는 더 돈 많은 부자들을 바라보며 자기도 그렇게 많았으면 좋겠다고 생각할 것입니다. 이렇게 욕망은 끝이 없어보입니다. 그럼 이렇게 끝없는 욕망을 갖는 것이 인간의 본성일까요?

그럼 욕망이란 도대체 무엇일까요? 얼굴이 예뻤으면 좋겠다, 몸매가 날씬했으면 좋겠다, 좋은 자동차를 갖고 싶다, 다른 사람으로부터 존경을 받고 싶다, 부자가 되면 좋겠다, 이런 소망들을 일러 욕망이라 합니다. 욕망 가운데는 의식적인 것도 있고 무의식적인 것도 있습니다.

생명을 가진 생명체를 살펴보면 원래 저마다 살아가기 위해서 기본적인 욕망을 가지고 있습니다. 마찬가지로 사람도 자기 생명을 유지하고자 하는 욕망과 종족 보존과 연관된 욕망이 있습니다. 그럼 그런 욕망을 채우면 더 이상 욕망이 생기지 않을까요? 그렇지 않습니다. 욕망을 다 만족스럽게 채울 수는 없습니다. 생명체의 진화는 욕망이 제대로 채워지지 않아서 생기는 불행을 원동력으로 하여 이루어져 왔다고 합니다. 그렇다면 인간이 더 진화하게 욕망 충족의 불균형을 더 심화시켜야 할까요? 아마도 그러기 전에 파멸이나 파국이 먼저 오겠지요.

모든 욕망은 결핍에서 생깁니다. 곧 '없다'는 느낌과 밀접한 관계가 있습니다. 그런데 동화에 등장하는 욕심쟁이들은 재산이 많은데 왜 욕망이 생길까요? 대개 이런 것들은 시기심이나 우월감과 결탁한 욕망입니다. 남이 나보다 예쁘면 괜히 심술이 나고 시기심이 생깁니다. 그래서 나도 그 사람보다 더 예뻐야 합니다. 남이 내가 없는 것을 가지거나 나보나 더 많이 가지면 괜히 배가 아픕니다. 어떻게 해서든지 내가 더 많이 가져야 합니다. 또 남보다 예쁘거나 많이 가지면, 남보다 우월하다는 생각을 갖게 됩니다. 어떻게든지 그렇게 되려고 합니다. 그래서 무리수를 두다 결국 망하고 맙니다. 동화의 이야기도 그렇지만, 현실 세계에서 무리하게 투자하여 파산한 사람들 수없이 많습니다.

이런 욕망은 병든 욕망입니다. 현대인들치고 이런 욕망에서 자유로운 사람은 많지 않습니다. 대중 매체나 인터넷에서 쉴 새 없이 '얼짱', '몸짱', '부자'들을 보여주어서 혹시나 잠자고 있을지 모르는 욕망을 깨웁니다. 자본주의란 원래 인간의 욕망을 일깨워 부추김으로써 지속되기 때문입니다.

또 한 가지 사람들의 욕망이 동물과 달리 기본적 욕망이 채워졌음에도 불구하고 끝이 없는 것은 미래에 대한 불안감 때문입니다. 언젠가 내가 가진 재산이 바닥날지 모른다, 아니면 누군가 빼앗아갈지도 모르고, 물가가 올라 내가 가진 것의 값어치가 줄어들지도 모른다는 불안감 때문에 더 많이 가지려고 합니다. 특히 현대인들이 더 그러합니다. 사회의 변동이나 변화가 빠르니까요. 아마 이것은 대부분의 현대인들이 공통적으로 느끼고 있는 점입니다. 그래서 투자할 곳을 찾아 여기저기 기웃거립니다. 부동산 투자에 열을 올리다가 주식으로 옮겨가기도 하고, 주식이 좀 뭐하니까 펀드로 옮기고, 이제는 그것도 만족하지 못해 해외로 투자할 곳을 찾아다닙니다.

만약 안정적인 사회 분위기가 이루어지지 않으면 이런 현상은 계속될 것입니다. 안정된 사회에서는 욕망을 줄이는 것을 미덕으로 압니다. 그래서 조금 덜 먹고 덜 낭비하고 덜 경쟁하고 자연과 하나가 되는 조용한 삶을 선택합니다. 결국 우리는 자본주의 사회 체제 속에 살기 때문에 싫든 좋든 욕망을 가져야 하고, 그 욕망을 이루기 위해 브레이크 없는 기관차처럼 끝없이 질주해야만 하는 운명에 놓이게 된 것입니다. 이렇듯 무작정 욕망을 갖는 것이 인간의 본성이 아니라 사회적 조건이 그렇게 만든 것입니다. 안정되고 경쟁할 필요가 없는 사회에서는 결코 이런 종류의 욕망은 생기지 않습니다.

이렇듯 소유욕은 모든 악덕의 근원이 됩니다. 그 때문에 석가는 무소유가 인류를 멸망에서 구원해낼 유일한 길임을 설파했고, 예수는 부자가 천국에 가는 것이 낙타가 바늘구멍으로 지나가는 것보다 더 어렵다고 극언을 서슴지 않았던 것입니다.

대동 사회

인간과 모든 생물은 근원적으로 볼 때 하나입니다. 차별이 없습니다. 인간이 자연을 정복하면서 차별이 생겼으며, 인간 사회에서 사유 재산이 생기면서 인간 내부의 가진 자와 없는 자의 갈등이 생겼습니다.

인간이 소유에 대한 분별이 없이 평화롭고 평등하게 사는 세계를 대동 사회(大同社會)라 불렀습니다. 이러한 대동 사회에 대한 생각을 대동 사상이라 하는데, 그 출처는 유교 경전인 『예기(禮記)』의 「예운(禮運)」 편에 나옵니다.

큰 도리가 행해지는 세상에서는 천하를 모두 같이 소유하는 것으로 삼는다. 어진 덕이 있는 자나 재능이 있는 자를 뽑아 지도자로 세우며, 신의를 익히고 화목의 도리를 닦는다. 그리하여 사람들은 유독 자기의 어버이만을 섬기지 않으며, 자기 자식만을 사랑하지 않는다. 노인으로 하여금 편안하게 여생을 보내게 하고, 젊은이로 하여금 자신의 능력을 발휘하게 하며, 어린이로 하여금 잘 자라게 하고, 홀아비 · 과부 · 고아와 자식 없는 외로운 사람과 질병 있는 사람 모두 부양되게 한다. 남자에게는 모두 일정한 직분이 있고, 여자에게는 빠짐없이 시집갈 곳이 있다. 재물이 땅에 버려져 낭비되는 것을 싫어하지만, 그렇다고 그것을 반드시 나 한 사람을 위하여 저장하지도 않으며, 역량이 몸에서 발휘되지 못함을 싫어하지만, 꼭 자기만을 위하지는 않는다. 그러므로 간교한 음모는 닫혀 일어나지 않고 도둑과 세상을 해치는 난신적자(亂臣賊子)는 생겨나지 않는다. 그래서 바깥문을 열어놓고도 닫지 않고 마음 편하게 살아간다. 이것을 일러 대동의 세상이라 한다. (大道之行也, 天下爲公, 選賢與能, 講信, 修睦. 故人不獨親其親, 不獨子其子, 使老有所終, 壯有所用, 幼有所長, 矜寡孤獨廢疾者皆有所養. 男有分, 女有歸. 貨惡其弃於地也不必藏於己, 力惡其不出於身也, 不必爲己. 是故謀閉而不興, 盜竊亂賊而不作, 故外戶而不閉, 是謂大同.)

이 대동 사회는 동양의 유교적 전통에서 말하는 이상 사회입니다. 곧 유교적 유토피아라고 말할 수 있습니다. 인위적 질서나 제도를 버리고 자연 상태로 돌아가고자 한 노자나 장자의 사상과는 분명히 구별됩니다. 원래 유교는 나의 부모나 자식을 남의 부모나 자식보다 먼저 사랑하라고 가르칩니다. 우리 속담의 '팔이 안으로 굽는다'의 논리와 같습니다. 그러나 이것이 전부라고 생각하면 유교에 대한 오해입니다. 이것을 출발로 점점 내 부모에서 남의 부모로, 내 자식에서 남의 자식으로 넓혀나가는 것이지요. 그러니까 이 대동의 세계는 그것이 완전히 발휘되는 경지라고 보면 되겠습니다.

이 사상은 이후 많은 학자들의 학문적 지향점의 모티프가 되기도 했습니다. 율곡 이이나 혜강 최한기의 사상, 구한말 박은식의 사상과 그의 대동교 운동 등이 그것입니다. 최한기(崔漢綺 : 1803~1977)의 대동 사상은 그가 한 다음의 말에서 확인됩니다.

세계 만국에서 작은 차이는 풍토와 생산물이고, 크게 같은 것(大同을 말함)은 인간의 정신적 활동이다. 흩어져 살고 있는 인민들은 작은 차이로 말미암아 자잘한 행위와 습속을 이루지만, 대동을 받든 자는 그것을 윤리 도덕과 정치·교육으로 여긴다. (중략) 또 인간의 인식 행위에 얻음이 있으면 자잘한 행위와 습속은 모두 윤리 도덕과 정치·교육에 녹아들어가 다스리는 방도가 되고 백성을 편안하게 하니 천하의 대동이다. (宇宙萬國, 小異者風土物産, 大同者神氣運化. 散處人民因其小異者, 以爲細行習俗, 承其大同者, 以爲倫綱政敎. (中略) 又有得於人氣運化, 則細行習俗, 總和淪於倫綱政敎, 以爲制治方略, 安其民, 天下之大同也)(『기학(氣學)』권1, 38면)

최한기는 인간의 인식의 발전으로 이성적으로 합리성을 추구하고 결국 세계의 인민이 보편적 가치를 가지고 정치와 교육으로 하나가 될 것이라고 믿었습니다. 곧 최한기는 인식의 진보에 근거하여 인간들이 이성적이고 합리적인 태도로 살아간다면, 언젠가 동일한 가치와 정치 이념 및 교육 목표를 지닌 대동의 세계가 올 것이라 믿었습니다. 인간 사회에 대한 낙관적인 태도이지요.

이런 대동 사상은 중국 학자들에게서도 볼 수 있습니다. 『예기』의 대동 사상을 근거로 독특하게 발전시킨 사람은 청나라 말기의 학자 캉유웨이(康有爲 : 1858~1927)입니다. 그는 『대동서(大同書)』라는 책을 쓰기도 했는데, '바깥문을 열어놓고 닫지 않는(外戶而不閉)' 이상을 더욱 강조하여 국가와 국가 사이의 경계를 없애고, 집과 집 사이의 경계를 없애며, 그 경계를 근거짓는 혈족적인 이기주의의 발생 요인을 없애기 위하여 가족의 파괴를 부르짖고 나서, 단기 1개월, 장기 1년의 계약 혼인 제도를 통한 이혼의 자유를 주장하는, 일종의 이혼의 철학을 제시하기도 했습니다.

캉유웨이에 대한 평가는 여러 가지 각도에 진행되고 있지만, 크게 서구의 공상적 사회주의 영향을 받아 전통 사상으로 위장한 근대 사상가로 보거나, 어디까지나 전통 사상에 연결되는 사상가이지 서양의 근대 사상과의 연관은 실제로 없다고 보는 경우 등입니다.

구한말 박은식도 캉유웨이와 그의 제자 량치차오(梁啓超 : 1873~1929)의 영향을 받았는데, 사상의 특징은 량치차오 쪽에 가깝습니다. 그러나 박은식은 일본과 서구 열강의 침략과 사회진화론이 팽배한 당시의 현실 속에서 경쟁의 원리나 제국주의적 강권론, 진화의 논리와 개인주의 등에서 진화의 원리만을 받아들여 제국주의에 대항하는 민족 자강의 형성 이론으로 활용하고자 하였습니다.

그리하여 국민 사회가 경쟁 원리가 아니라 대동 원리에 따라 조직되어 경쟁보다는 협동과 대동에 의해 진행되어야 한다고 보았으며, 국제 사회도 당시는 경쟁의 원리가 적용되는 약육강식과 우승열패(優勝劣敗)의 원리가 지배적이지만, 장차 이것이 극복되어 협동과 대동의 천하가 되어야 한다고 생각했습니다.

박은식의 대동 사회의 특징은 개인의 이익이나 주의보다는 공공의 이익과 주의를 앞세웠고, 세상을 구하고자 하는 불교적 대승법과 자기 나라를 사랑하는 정신, 그리고 애국의 지행합일, 세계평화주의 등입니다. 이것은 그의 대동 사상이 중국 학자들의 영향을 받았음에도 불구하고 훨씬 구체적이고 현실적인 대안으로 보이는 부분입니다.

중국 아나키스트 류스페이

소유나 국가의 정치 구조에 대해서 근본적으로 비판하는 사상 가운데 하나로 아나키즘(무정부주의로 번역됨)이 있습니다. 현실적인 인간 사회의 계급이나 속박을 부정하고 국가의 권력 구조를 원천적으로 폭력으로 봅니다. 자본주의나 사회주의 둘 다 국가 체제나 각종 사회 조직을 부정하지 않지만, 아나키즘은 처음부터 인간 위에 군림하는 모든 제도를 인정하지 않습니다.

중국의 아나키즘은 일본과 유럽을 통하여 수입되었는데, 일본에서 활동한 사람 가운데 류스페이(劉師培 : 1884~1919)라는 인물이 있습니다. 그의 자는 신숙(申叔)이요 필명은 위예(韋裔)와 무외(無畏)입니다. 강소성(江蘇城) 의정(儀征) 사람으로, 그의 증조부 문기(文淇), 조부 육송(毓松), 백부 수증(壽曾)은 『춘추좌씨전』하나를 3대에 걸쳐서 연구하였는데, 세상에서는 '삼세일경(三世一經)'이라 불렀습니다. 그들은 그 책의 주소(注疏)에 공헌했습니다. 그래서 이름이 『청사고(淸史稿) · 유림전(儒林傳)』에 들어갔습니다. 류스페이는 어려서부터 가정의 훈도를 받았기 때문에 경서와 훈고, 전장(典章)에 대한 연구가 약간 있으며, 1903년에 과거에 합격하였습니다.

그 뒤 반청(反淸) 사상을 지닌 친구들과 사귀며 언론 활동을 하다가 1907년에 일본으로 건너간 뒤 중국을 오가며 활동합니다. 특히 여러 잡지 간행을 통하여 아나키즘을 선전하였습니다.

그는 중국이 예부터 지금까지 토지 제도가 공평함을 잃었다고 보고 중국 농민의 토지 문제를 해결할 것을 주장하였습니다. 그는 중국 고대의 정전(井田) 제도가 결코 공평하고 이치에 맞게 진행된 것이 아니었기 때문에 빈부귀천의 차별이 생겼는데, 하·은·주의 3대 이후 더욱 심해졌다고 여겼습니다. 이후의 중국 사회는 줄곧 토지가 국민의 점유로 되어 있으므로 토지의 있고 없음과 많고 적음의 차이가 생겼다고 합니다. 그는 이것에 대해 "토지권이 공평을 잃었다. 노동하는 사람은 의무만 무겁고 권리는 가벼워졌다. 반면에 맨손으로 놀고먹는 사람은 의무는 적고 권리만 커져 노동하는 사람은 놀고먹는 사람 밑에서 신음하니, 이것이 인권이 평등을 잃은 것이다"라고 말하였습니다. 어떻게 그러한 불평등을 없앨 것인가? 그는 "현재 다시 정전법을 시행하는 것이 잘 다스려지는 것이 아니므로, 반드시 귀천의 계급을 타파하고 부호의 토지를 몰수하여 국민이 공유하면 아주 공평하게 될 수 있다"고 하고, "토지 주인이야말로 '대도(大盜)'요 '폭군'이며 부호의 토지를 몰수하는 것은 반드시 농민혁명으로부터 시작된다"고 보고, 또 "지금 그 소유를 빼앗아 인민에게 나누어 그들의 토지가 되게 하면 모두 정해진 분량이 있게 된다. 이것이 좋은 정치다"라고 말하였습니다.

그는 또 중국 동진(東晉) 시기 도교의 영수 갈홍(葛洪)의 『포박자(抱朴子)·힐포편(詰鮑篇)』에서 포경(鮑敬)이 말한 무군론

(無君論)의 관점을 인용, 인류 평등권의 상실 원인에 대하여 설명하였습니다. 그래서 포경이 말한 무군론은 "인위적인 통치를 없애는 것과 관계되니 아나키즘과 같다. 도덕과 법제를 버리며 군비 확장을 비난하고 재물을 천하게 여기는 데에서도 더욱 맑은 근원과 같다. 대개 그 뜻은 민중을 평등하게 하고 완전한 자유를 누리게 하는 것이므로 그 입설(立說)은 노자·장자에 비해 더욱 훌륭하게 보인다"라고 하였습니다.

이렇듯 류스페이는 중국 전통 철학 가운데 묘사한 고대 사회의 생활 정경을 태고 시대의 무군주(無君主) 체제로 보고, 인민이 자유를 향유하고 경쟁하는 마음도 없으니 화복(禍福)과 이해(利害)와 영욕(榮辱)도 없었다고 보았습니다. 또 군신의 상하 관계와 통치와 피통치의 구분이 없으니 인류는 자연적으로 순박하고 행복한 생활을 했다는 것입니다. 그러나 인간 사이에 존재하는 강하고 약하고 지혜롭고 어리석음 때문에, "강자가 약자를 능멸하면 약자는 그에게 복종했다. 지혜로운 자가 어리석은 자를 속이면 어리석은 자는 그를 섬겼다. 복종하므로 군신의 도리가 생겼고, 섬기므로 힘없는 백성이 제압당하였다"고 주장했습니다.

류스페이는 포경이 말한 것에 근거하여 더 나아가 계급 제도는 모두 속이는 데서 나왔고, 전장(典章)과 문물은 인민을 해치는 도구며 군대와 군비도 폭군이 백성을 능멸하는 수단이고, 작위(爵位)와 재화(財貨)는 통치자가 자기 명령을 잘 따르도록 하는 미끼라고 여겼습니다. 그래서 "세상의 모든 악은 군주를 세움과 계급 제도로 말미암은 것이다"라고 극언하였습니다.

류스페이는 이와 같은 인식에서 더 나아가 강자와 지혜로운 자는 재산과 지식을 소유할 뿐만 아니라 권력도 소유하고, 도리어 그 권력을 사용하여 자기가 더욱 강해지고 지혜롭게 되어 약하고 어리석은 자들에게 영원히 해방될 날이 없게 한다고 지적하였습니다. 따라서 온 세계 대다수 인간은 평등·독립·자유의 3대 기본 권리를 상실하였다고 보고, 이러한 문제를 근본적으로 해결하기 위해서는 군대와 사유 재산과 정부를 없애야 한다고 생각하였습니다. 그는 "싸우는 실마리를 풀고 계급을 타파하는 것에는 군대와 사유 재산을 없애는 것이 가장 좋다. 따라서 이것을 실행하기 위해서는 정부를 전복하여 국경을 제거하고 토지와 재산을 공유제로 하여 모든 사람이 노동하는 것이다. 민생의 일용할 물건은 여러 사람이 힘을 합쳐 만들면 모두가 공용하는 것이 된다. 사람들로 하여금 재산을 사유하지 못하게 하면 무역 제도도 폐지되며, 이것이 폐지되면 재화는 바꾸는 물건이 되니 그것이 작용하는 권력은 없어진다"라고 하였습니다.

매우 분명하게도 인류 사회의 불평등 현상의 발생을 강자가 약자를 능멸하고 지혜로운 자가 어리석은 자를 속여서 된 것으로 보고 있는데, 이는 확실히 역사를 너무 단순하게 보는 관점입니다. 사회 생산력 발전의 수준과 복잡한 역사적 조건을 고려하지 않고 마음대로 사유 재산의 소멸과 무역과 재화의 폐지를 주장하여 철저하게 공상에 빠졌을 뿐만 아니라, 사회 생산력의 심각한 파괴를 초래할 수 있습니다. 그가 말하는 이상 사회란 실제로 '사회풍조를 태고(太古)로 되돌리려는' 퇴보적인 억지와 같습니다.

그렇다고 그의 사상이 의미가 없다는 뜻은 아닙니다. 류스페이 등은 사회주의와 무정부주의 학설에 초보적으로 접촉하였기 때문에 거기에 상당히 매료되었습니다. 또 구미 자본주의 국가와 일본 자본주의 사회의 상황, 곧 자본주의 제도가 거대한 물질적 재화를 창조하여 생활의 적지 않은 편리를 가져왔음을 듣고 보았으나, 그것도 소수인의 이익을 촉진시키고 다수인의 이익을 더욱 빈곤케 하는 불평등의 상황이라는 점을 인식하였던 것입니다. 곧 자본주의 도입 초기의 많은 사람들이 겪고 있는 자본주의적 폐단을 예리하게 직감하고 있었던 것이지요. 어쨌든 그도 다른 아나키스트처럼 금세기 초에 불평등한 사회를 보면서 공상적이기는 하지만 새로운 사회를 꿈꾸었던 것입니다.

무의식과 전래 동화

현대에 들어와 인간의 업적 가운데 하나는 무의식의 발견이라고 할 수 있습니다. 대표적인 사람은 프로이트입니다. 우리의 행동을 지배하는 것은 의식이 아니라 무의식이라는 것을 밝혔습니다. 의식이란 무의식의 근본적 기능인 심리 활동에 그 기초를 두고 있는 하나의 부수적인 현상이라고 설명합니다. 따라서 인간의 근본적인 태도가 의식적인 태도라고만 생각하는 것은 하나의 오류라고 합니다. 왜냐하면 우리는 무의식 가운데서 또는 무의식의 영향 아래 더 많은 인생을 보내기 때문입니다.

사실 의식이 없거나 미약한 동물들은 무의식의 지배를 받고 있을 것입니다. 그래도 잘 적응하며 살아갑니다. 아마 의식이 없는 병균 같은 미생물은 더 진화하면서 우리들을 괴롭히고 있습니다. 우리 인간들도 원래는 거의 전적으로 무의식의 지배를 받다가 점차 의식이 생겨나 자라고, 이제는 지나치게 의식을 사용함으로써 무의식을 저 멀리 팽개쳐버리고 말았습니다. 이렇듯 무의식에 대한 탐구의 길을 연 사람이 프로이트나 칼 융과 같은 사람들입니다.

그런데 프로이트는 무의식을 주로 개인적인 차원에서 다루지만, 그것은 개인뿐만 아니라 집단적이라고 밝힌 사람은 칼 융입니다. 개인 무의식은 개인의 생활에서 오는 잊혀지고 억눌려 잠재 의식으로 지각되는 내용을 포함하고 있으나, 집단 무의식은 초월적인 어떤 힘에 대한 공포와 위험 그리고 갈등, 남녀 관계, 어린이들과 부모의 관계, 애증, 생과 사, 명암의 원리적인 힘 등과 같은 보편적 인간 상황에 대한 인간의 전형적인 반응의 집적이라고 합니다. 의식은 어떤 상황을 외부적인 현실에 적응시키려는 개별적인 반응으로서 대응하는 반면, 집단적 무의식은 인간 경험에서 오는 공통적이고 전형적인 반응을 나타냅니다.

오늘날 이러한 분석심리학(프로이트의 정신분석학과 구별하여 칼 융의 심리학을 이렇게 부름)은 개인뿐만 아니라 사회의 여러 현상을 설명하는 데 유용하게 응용되고 있습니다. 그 가운데 하나가 신화나 동화를 해석하는 것입니다. 물론 그것이 모든 동화나 신화에서, 역사성을 배제하고 전적으로 해석할 수 있다는 것을 의미하지는 않습니다. 여기서 동화나 신화 해설가 사이의 다양한 시각과 방법적 차이를 보이고 있습니다.

필자가 볼 때는 역사적 방법과 심리적 방법이 상호 보완적 관계를 유지해야 한다고 생각합니다. 동화 가운데 어떤 것은 역사성이 짙은 것이 있는가 하면, 반면에 심리적인 효과를 노린 것도 있으며 반씩 섞인 것도 있습니다. 가령 「해와 달이 된 오누이」나 「머리 아홉 달린 도둑」 같은 동화는 역사성이 매우 짙은 동화이고, 「콩쥐팥쥐」나 「나무꾼과 선녀」 등은 두 가지 방법으로 해석이 가능하며, 「청개구리」 같은 동화는 심리적 효과를 노린 것입니다. 물론 어느 것이든 모두 심리적으로 해석할 수 있지만, 그렇게 되면 이야기의 배경이 되는 특수한 문화나 역사를 배제한 보편성만 강조하게 되어 공허한 것이 되고 맙니다.

따라서 이 「신기한 샘물」도 사유 재산 제도의 확립 이후 인간이 겪어야 했던 착취에 대한 불안감, 군주제 시대의 국가나 관료에게 당했던 피해 의식이 무의식적으로 반영된 동화라고 본 것입니다. 현실적으로 그들에 대하여 대항할 힘이 없었기 때문에 천벌을 받는 것으로 종결시킨 것이 이를 잘 말해주고 있습니다. 그러니까 착취와 억압을 당한 것은 역사적 사실이고, 그것이 반영되고 표현된 것은 무의식적인 일이라는 것입니다.

그래서 이 이야기는 하나의 사상의 원형(原型)으로 기능하며, 앞에서 설명하는 대동 사상이나 아나키즘도 처음에는 바로 이런 관점에서 출발하였을 것입니다. 따라서 전래 동화의 중요성은 이러한 점에서도 부각되는 것입니다.

양극화

　요즘 들어 양극화라는 말을 여기저기서 듣게 됩니다. 정치권에서도 떠들고 언론에서도 떠들고 학자들도 떠듭니다. 우리 사회에 실제로 있는 현상일까요? 아니면 너무 과장된 표현일까요?

　세상에 떠도는 말 가운데는 '돈도 있는 사람이 번다'는 말이 있습니다. 돈을 벌려고 해도 자본이 있어야 한다는 말입니다. 돈을 벌 수 있는 길을 뻔히 알아도 자본이 없기 때문에 벌 수 없는 사람들의 푸념에서 나온 말입니다. 이럴 때 돈 가진 부자들은 계속 벌고, 돈 없는 가난뱅이는 그들이 돈을 벌 때 못 벌게 되니까 결과적으로 더 가난하게 되는 것입니다. 빈부 격차가 더 벌어져 빈익빈부익부 현상이 나타나게 되는 것입니다.

　부자는 좋은 동네의 큰 집에서 살고 있습니다. 부잣집 동네의 땅값이나 집값이 언제나 많이 오릅니다. 부자는 돈의 여유가 있어 집을 더 사두기도 합니다. 반면에 집이나 땅이 없는 사람은 오를 것도 내릴 것도 없지만, 가난한 동네에서 작은 집을 가진 사람은 별로 오르지 않습니다. 시간이 흐르면 부자와 가난한 사람의 격차는 더 벌어지겠지요.

부자는 아이들에게 비싼 과외를 시킬 수 있습니다. 유학을 보낼 수도 있습니다. 그래서 그들은 원하는 학교도 나오고 원하는 직업을 선택할 가능성이 그렇지 못한 사람들보다 무척 많습니다. 그들은 좋은 교육을 받았기 때문에 합리적이고 이성적으로 생각하며 예리한 판단력과 전문 지식, 그리고 예술적 교양을 익혀 인생을 즐기며 여유 있게, 같은 계층의 격조 높은 사람들과 우아하게 어울려 살아갈 것입니다.

반면에 가난한 집 아이들은 과외를 하더라도 싸구려 과외를 할 수밖에 없거나 이마저도 엄두를 못 냅니다. 외국 유학은 그림의 떡이고요. 이들이 원하는 대학에 가는 경우는 열에 하나도 못 될 것입니다. 물론 원하는 직업을 갖는 것도 그렇고요. 생존을 위해 직장에 들어가 돈을 벌어야 하기 때문에 좋은 교육을 통한 이성적이고 합리적인 판단력과 전문 지식, 그리고 예술적 교양을 익힐 기회와 여력이 없음에도, 자신이 합리적이지도 않고 교양이 없다는 사실조차도 모릅니다. 또 자신의 삶을 창조적으로 슬기롭게 꾸려나갈 역량이 적은데도 전문 지식과 기술이 풍부하고 창조적이라고 착각합니다. 하층민으로 아등바등하면서 하루하루 힘겹게 살아갑니다. 결국 빈부의 격차는 자손에게까지 대물림되어 그 격차는 더 벌어지겠지요.

이것이 지금 우리의 현실이라면 너무 지나친 과장일까요?

부자에 대한 증오심을 없애라

얼마 전 '부자 되세요'라는 인사가 유행처럼 번진 적이 있었습니다. 서점가에서도 부자 시리즈의 책들이 불티나게 팔렸습니다. 그 책을 사본 사람 가운데 과연 몇 명이 부자가 되었는지 알 길은 없습니다.

자본주의 시스템을 채택한 우리로서는 정당하게 부자가 되는 것은 각자의 능력에 달려 있습니다. 그 사람을 부러워할 수는 있어도 비난해서는 안 됩니다. 따지고 보면 자본주의란 '부자들의', '부자들에 의한', '부자들을 위한' 시스템입니다. 다수의 정치인들은 부자들 출신이고, 기업가, 언론인, 법조인, 일부 교수, 예술가나 연예인들도 예외는 아닙니다. 부자들이 아니고서는 상류층에 진출할 기회도 능력도 적기 때문입니다.

그러니 법률과 제도와 교육이 부자들에게 유리하지 않다면 참으로 이상할 것입니다. 그러니까 가난한 사람의 입장에서 개혁을 하자는 것은 소가 웃을 일이고, 사실상 불가능한 것입니다. 개혁을 주장하는 정치인들이나 그것을 반대하는 부자 정치인들은 이미 그걸 알고 쇼한 것일 수 있습니다. 모르고 그랬다면 참으로 순진한 사람입니다. 이 말이 사실인지는 최근 발표한 국회의원과 공직자 재산 공개를 참고하기 바랍니다. 극히 일부분을 제외하고는 서민들의 그것과 엄청난 차이를 보일 것입니다.

다만 개혁이 가능한 경우는 이렇습니다. 다수의 가난한 사람들이 연대하여 그들의 대표를 국회의원에 당선시키는 것입니다.

그렇다 해도 부자들의 집요한 반대와 로비 활동이 있을 것이고, 또 그들 편인 언론과 종교 집단을 설득하기란 쉬운 일이 아닐 것입니다. 게다가 이런저런 이유로 때로는 정치가들의 역량 부족으로 개혁이 지지부진할 것입니다.

마지막으로 개혁이 가능한 것은 개혁하지 않았을 때 부자들도 망한다는 위기감이 작용했을 때입니다. 최근의 부동산 투기 위기와 대책이 그런 사례입니다. 여당이나 야당 정치가들도 공감한 바입니다. 그러나 일부 부자들이나 투기를 한 장본인들은 그 심각성을 깨닫지 못한 채 정부의 부동산 대책에 대해서 비난과 함께 비판을 쏟아내고 있습니다.

부자들이 욕먹는 경우는 앞의 이야기처럼 부당하게 관료나 정치가와 결탁했을 때입니다. 온갖 탈법과 편법을 동원해서 재산을 불리는 것입니다. 정당하지 않은 방법으로 재산을 모아 부자가 되는 것이 대세라면, 정당하게 노력해서 부자가 되는 경우도 싸잡아 매도당하는 현실이 됩니다. 실제로 우리나라에서는 이렇게 정당한 노력에 의하여 부자가 된 사람도 많지만, 생산적 노력 없이 부동산 투기로 돈을 번 부자들도 헤아릴 수 없이 많습니다. 그래서 그것이 혼란의 원인이 됩니다.

사회주의 혁명

자본주의의 모순이나 폐단이 극에 이르면 사회 변동에 대한 이론이나 운동이 활개를 치게 됩니다. 초기 자본주의 시대에 이렇게 된 것을 역사는 보여주고 있습니다. 러시아나 중국은 물론이고 일제 강점기를 거친 우리나라도 결국 그 때문에 남북으로 분단되었습니다. 불과 20년 정도밖에 되지 않았지만, 독재 정권 타도와 경제 정의 실현 문제를 안고 있는 상황에서 학생 운동권이나 일부 재야 인사들 가운데 사회주의 혁명에 대한 관심이 뜨거웠던 것도 사실입니다. 민주화가 진행되고 노동조합이 합법화되면서 그러한 열의와 기세가 한풀 꺾였지만, 빈부 갈등이 심화되면 이런 논의와 운동은 또 다른 형태로 등장할 것입니다.

그런데 이런 사회주의가 한 가지 형태만 있는 것은 아닙니다. 우리나라 보수 신문과 인사들은 현 정권을 '좌파 정권'이라 부릅니다. 그들이 무슨 의도로 그렇게 말하는지 모르지만, 표면상 의미는 사회주의 정권과 유사한 표현입니다. 이들은 더 심하게는 악의적으로 북한 정권과 유사하다고 엄살을 부립니다. 그래서 그들은 '친북 좌파'라는 극언조차도 아끼지 않았습니다.

이들의 논리대로라면 우리 같은 자본주의를 채택한 나라도 좌파적, 곧 사회주의적 정책이 가능하다는 것입니다. 그 반대도 가능하고요. 지금 세계 모든 나라는 극소수의 사회주의 국가와 다수의 자본주의 국가로 양분되어 있지만, 그 내부를 자세히 들여다보면 이 두 가지 체제의 요소가 적절히 이용되고 있음을 알 수 있습니다.

화 합

따라서 현대는 순수한 자본주의나 순수한 사회주의는 이 세상 어디에도 존재하지 않습니다. 자본주의에도 장점과 폐단이 있고, 사회주의에도 장점과 폐단이 있기 때문입니다.

문제는 국가 체제의 간판이 무엇이냐는 이념적 선명성이 중요한 것이 아니라, 자신들이 채택하고 있는 제도의 장단점을 인식하고 단점을 어떻게 보완하느냐가 중요한 관건입니다. 중국을 예로 들면, 덩샤오핑 이후 국가의 간판은 사회주의이지만, 자본주의적 생산 방식을 도입함으로써 생산력이 크게 향상되어, 세계 4위의 경제 대국으로 현재에 이르고 있습니다. 아이러니하게도 이런 사회주의를 표방했던 중국에서 자본주의 방식을 도입한 결과, 이제는 빈부 갈등으로 국가 통합에 저해가 된다는 문제가 불거지자, 그 문제 해결을 최우선 과제로 선정했다는 보도를 보았습니다.

결국 우리나 중국이나 가진 자와 없는 자의 갈등의 골을 메워 주는 정책이 필요한 것이고, 그것을 우리나라에서는 양극화의 해소라고 부릅니다. 양극화 해소를 위해 정책적인 제도나 법률 개선도 중요하지만, 근본적으로 두 집단 간의 화해가 필요합니다. 부자들은 자신들의 기득권 일부를 양보하는 것이 자신들의 기득권을 더 지속적으로 보장받는 길임을 인식해야 합니다. 반면에 가난한 사람들은 부자들을 무작정 증오할 것이 아니라, 그들이 사회에 기여한 점을 인정하고 일정한 대우를 해주어야 합니다.

이제는 어느 집단이 국가 권력이나 부를 독점하는 시대는 지났습니다. 우리의 동화가 그것을 증언하지 않습니까? 천벌을 받는다고 말입니다. 천벌이란 당시는 자연적 재앙으로 주어지는 것이지만, 오늘날 관점에서 본다면 사회 체제의 붕괴를 의미합니다. 사회 체제의 붕괴는 가진 자의 몰락을 뜻하지요. 그렇게 되기 전에 구성원 모두가 공생하는 길을 택해야 합니다.

자연과 인간의 화합

자본주의나 사회주의 모두 기본적으로 생명의 근원을 약탈함으로써 존속되는 제도입니다. 자본주의는 사적 경제 활동, 곧 개인의 자유로운 경제 활동을 보장함으로써 인민들의 물질적 풍요를 가져오는 것을 이상으로 삼고, 반면에 정통 사회주의는 생산 수단을 개인이 아니라 공적으로 소유함으로써 생산력을 극대화시키고, 그 결과 축적된 부를 평등하게 분배하는 것을 이상으로 삼고 있습니다.

두 체제 모두 자연을 변형시키고 정복하여 생산력을 극대화하는 데는 공통점을 갖고 있습니다. 이렇다 보니 각종 공해 문제, 생태계 파괴, 자원 고갈과 약탈 등으로 생명의 근원을 말살하거나 파괴하는 현상을 빚었습니다. 이제는 사람만이 아니라 동식물까지도 살기 힘든 세상이 되었습니다. 오늘을 사는 우리가 무슨 일을 하든 또 아무리 좋은 일을 하더라도 이 상태로 계속된다면, 후손들의 원망과 저주와 비난을 면할 길이 없습니다.

이런 지구적 재난을 피하기 위해서는 우리가 적게 먹고 적게 쓰고 적게 이동하면서 골고루 나누어야 합니다. 한 사회 집단 안에서는 나눠주는 책임이 부자에게 있듯이, 국제 사회에서는 부자 나라부터 그런 실천이 이루어져야 합니다. 그런데도 가장 부자인 미국이나 선진국을 보면 그럴 낌새가 별로 보이지 않습니다.

자동차나 공장 굴뚝에서 뿜어대는 각종 가스, 그것도 모자라 대기권과 그 상층에 수많은 항공기에서 뿜어내는 이산화탄소가 어찌 기상 이변을 일으키지 않겠습니까? 불과 몇 십 년 전만 해도 물을 사 마신다는 것이 상상도 못한 일인데, 수질 오염으로 자연 상태의 마실 물을 구하기가 어렵고, 산림 황폐와 토양 오염은 이미 그 도를 지나치고 있습니다. 그럼에도 불구하고 무역 전쟁이다 세계화다 군비 경쟁이다 해서 경제 개발과 자원 낭비는 끝이 없으니, 앞으로 인류가 어떻게 될지 심히 걱정입니다.

[1] 우리가 부자들을 비난하는 이유는 무엇일까요? 여러분은 부자가 되고
싶지 않습니까? 만약 그렇다면 앞에서 부자들을 비난하는 근거가 정
당합니까?

[2] 양극화 해소라는 말을 많이 듣게 됩니다. 너무 과장된 개념일까요?
양극화 해소는 부자들의 것을 강제로 빼앗아 가난한 사람들에게 퍼부
어주는 것은 아닐 것입니다. 부자들과 가난한 사람들의 화해를 전제
로 해야 진정으로 해결될 것입니다. 진정한 양극화 해소 방안에는 어
떤 것이 있을까요?

[3] 생명의 근원을 해치는 문제는 자본주의나 사회주의 양 체제 안에 그
원인이 도사리고 있습니다. 그 체제의 극본 대안으로 아나키즘이 새
로이 부각되고 있는데, 이와 관련하여 새로운 공동체는 어떠한 형태
가 바람직하다고 생각합니까?

넷째 마당

슬기로운 감사
─정치 지도자가 가져야 할 세 가지 덕목

슬기로운 감사

옛날 옛날에 어떤 부지런하고 성실한 사람이 과거에 합격하여 전라 감사로 내려가게 되었습니다. 감사란 지금의 도지사에 해당하는데 권세는 지금보다 컸습니다.

감사는 곰곰 생각하였습니다.

'내가 이제 그렇게 바라던 벼슬을 얻었으니 참으로 정치를 잘하여야겠다. 그러면 어떻게 하여야 할 것인가?'

이런 생각을 하다가 지혜롭고 용기 있는 선배를 찾아가서 상의를 하였습니다.

"선배님, 제가 이번에 지방 관리로 나가는데 어떻게 하면 그곳 백성들을 잘 다스릴 수 있는지 지혜를 주십시오."

"나를 찾아온 건 고마운 일이네만, 나나 자네나 서울에서 살아왔으니 그 지방 실정을 알 수 없지 않은가? 모름지기 정치란 그 지방의 그때 형편에 따르는 융통성이 있어야 하고 또 실정에 맞아 현실성이 있어야 하느니. 아, 금년 농사만 보더라도 가뭄 들 때하고 홍수 날 때하고 정치 방식이 달라야 하는 법, 여기 서울에서야 그곳 사정을 잘 모르니 직접 그 지방에 가서 지혜를 구해야 할 것이네."

"예, 하지만 거기에 간다고만 해서 알아볼 수가 있겠습니까?"

"응, 마침 내 서당 친구 하나가 거기 내려가 있으니 찾아가서 지혜를 구하게나. 내가 소개장을 하나 써줌세."

그러면서 선배는 소개장을 써서 감사에게 주었습니다.

감사는 고맙다고 인사한 후에 전라 감사로 부임하였습니다. 감사는 지방에 내려가자마자 소개받은 훌륭한 학자를 찾아갔습니다.

"안녕하십니까. 제가 이번에 전라 감사로 부임했는데, 백성을 어떻게 다스려야 할지 몰라서 가르침을 받으러 왔습니다. 바른 정치의 도리를 가르쳐주십시오."

그러자 학자는 손을 내저으면서 어서 돌아가라는 시늉을 하였습니다. 마치 벙어리처럼 말 한마디 없이 손만 내저었습니다. 그렇다고 그냥 물러갈 감사가 아니기에 이번에는 서울 선배가 써준 소개장을 꺼내서 학자에게 주었습니다. 그러자 학자가 놀라더니 이내 방안으로 들어갔습니다.

'어찌하여 말이 없을까? 그리고 왜 방으로 들어갈까? 음식상을 차려오려는 것일까? 그냥 말하기 어려우니까 술이라도 한잔하면서 말씀하시려는 것인가?'

이러한 생각을 하고 있는데, 그 학자가 산나물 한 접시하고 냉수 한 그릇이 놓인 상을 가지고 나와서 감사 앞에 놓았습니다.

음식상이라고 할 수도 없고 술상이라고도 할 수 없는 이상한 상이었습니다. 그런 상을 감사 앞에 두더니 학자는 말없이 앉았습니다. 말 한마디 없는 침묵.

감사는 무슨 뜻인지 전혀 알 수가 없어서 그 또한 묵묵히 앉아 있었습니다. 그러자 학자가 다시 안방으로 들어가더니, 조금 있다가 어린아이를 하나 데리고 와서는 마당에 내려갑니다. 그러더니 그 아이를 업고 둥개둥개 어르는 것입니다.

"둥개둥개 내 사랑아, 둥개둥개 내 사랑아. 둥개둥개 허허 좋다. 둥개야 둥개야, 허허 내 사랑아, 좋고나 좋을시고."

'참으로 모를 일이군. 저게 무슨 뜻이람. 감사인 나를 손님 대접을 해주기는커녕 상대도 하지 않고 저렇게 자기 자식만 어르고 있으니 참 이상하고 괘씸한 사람이구나.'

감사는 이러한 노여움이 생겼습니다.

내가 서울에서 소개장까지 가지고 내려왔는데 이 고장 제일 가는 학자라는 사람이 저럴 수가 있단 말인가. 적어도 검다 희다 무슨 말이라도 해주어야 할 것이 아닌가? 공부를 너무 하여서 혹시 머리가 돈 것이 아닐까?

그러면서 머리 위에 손가락을 한두 번 돌려보고 또 고개를 갸우뚱하기도 하였습니다. 이렇게 감사가 속이 상한 줄도 모르고 학자는 계속 "둥개둥개 내 사랑아" 하면서 아이만 어르고 있었습니다. 더 이상 참을 수가 없었던 감사는 자리를 박차고 일어났습니다.

"에잇, 사람 대접을 이렇게 하다니 …. 이것이 학자가 할 도리란 말이오? 돌아가리다."

그러면서 인사도 없이 화가 나서 마당을 질러 나와버렸습니다. 학자는 그러거나 말거나 아랑곳하지 않고 아이만 보고 있었습니다. 꼭 바보같이 말입니다.

　　감사는 화가 나서 동구 밖으로 급히 나갔습니다. 부하들이 뒤를 따랐습니다.

　　"내가 부임하자마자 이렇게 모욕을 당하다니. 그래, 서울의 선배님은 이 따위 무례한 사람이 무슨 학자라고 소개해주었단 말인가? 평소 그럴 선배가 아닌데 …."

　　감사는 한동안 화가 나 어쩔 줄 몰라 했습니다. 그러다가 문득 어떤 생각이 들었습니다.

　　'가만 있자, 그 선배가 사람을 함부로 소개해줄 리는 없지. 그리고 학자란 하루아침에 되는 것이 아니라 오랜 세월 속에서 학문과 인격이 도야되어야만 얻는 이름인데, 이런 무례한 사람에게 세상 사람들이 대학자라고 이름을 붙여주었을라고? 여기에는 반드시 내력이 있으리라. 그가 한 행동을 다시 한 번 찬찬히 새겨보자.'

　　감사는 동구 밖 정자나무 아래에서 쉬면서 골똘히 생각해보았습니다.

　　'음, 가만 있자. 밥상 위에다가 나물 한 접시하고 냉수 한 그릇, 그런 연후에 어린아이를 둥개둥개 하고 자기 혼자 어르고 있으니 이것이 무슨 뜻일까? 무슨 큰 뜻이 있으리라.'

　　감사는 한참 머리를 짜고 생각하다가 무릎을 쳤습니다.

　　"아하, 나물이란 그것 하나만 가지고는 맛이 없는 법, 이것저것 양념을 넣고 무쳐야 맛이 있지. 바로 정치하는 데 중요한 조화를 가리키는구나. 무덤덤해서도 안 되고 하나만 주장해도 안 되는 법, 각기 개성을 가지고도 여럿이 어울려서 없던 맛도 내는 조화와 인화. 자기도 살고 전체도 사는 것이 인화 단결이 아니던 가? 나물은 감사인 나, 나머지 양념은 여러 가지 역할을 하는 사람들, 나물 하나로는 제 맛이 안 나듯이 감사 혼자로는 이 고장 정치를 못하는 법이니 다른 사람과 조화를 이루라는 것이구 나. 오호, 깊은 뜻이로구나."

그러다가 이번에는 냉수 한 사발에 담긴 뜻을 생각했습니다.

"냉수 한 그릇, 깨끗한 물, 청결한 물, 잡것이 섞이지 않은 물, 티끌도 건더기도 없는 순수한 맑은 물. 사람으로 치면 깨끗한 사람, 청결한 사람, 결백한 사람, 잡것이 없는 순수한 사람, 양심 에 비추어서 걸릴 것이 없는 사람이다. 이 사람이 관리라면, 아 하, 청렴결백한 사람. 그렇다. 이 고장에서 제일가는 벼슬아치인 감사가 청렴결백하라는 뜻이로구나."

드디어 두 가지는 풀었습니다. 참 여일하고 슬기로운 감사이 지요?

"나물은 조화와 인화요, 냉수는 청렴이요 결백이다. 그럼 아이 를 방안에서 데리고 나와서 마당에서 둥개질하는 것은 무엇일 까? 아이는 백성, 둥개둥개하며 예뻐하는 것은 백성을 이처럼 사랑하라. 그러니 백성을 내 자식 내 손자처럼 아끼고 사랑하라 는 뜻이구나. 그렇다. 백성 없이 무슨 벼슬아치가 있으리오! 백 성을 사랑하는 애민 정신이야말로 명심할 일이로구나. 자식이 아프면 부모가 아프고 자식이 기쁘면 부모가 기쁜 법, 자식이 배를 주리면 부모도 배를 주리고 자식이 배부르면 그때에야 부모도 배가 불러지는 법, 감사가 할 정치도 이와 하나도 틀림이 없는 것이지. 결국 조화와 인화, 청렴과 결백, 백성의 즐거움과 어려움을 함께 나누는 애민 정신, 이 세 가지를 명심하여 감사 노릇을 잘하라는 것이구나. 내가 미련하여 그 분께 인사도 없이 나왔어. 돌아가서 사과를 하고 내가 풀이한 것을 말씀드려야지."

감사는 다시 학자에게 되돌아가서 큰절을 올리며 사과하고 자기 해석을 들려주자, 학자가 감사에게 큰절을 하면서 비로소 입을 열었습니다.

"오, 슬기로운 감사님, 제가 뜻한 바를 하나도 틀림없이 다 맞추셨습니다. 그렇습니다. 인화와 청렴과 애민 정신, 이 세 가지를 가지고 정치를 하소서."

"아닙니다. 선생님의 깊은 뜻을 뒤늦게 깨달아서 죄송합니다."

"아닙니다. 무릇 큰 정치를 하는 사람은 스스로 깨달아야지 남의 지혜만 편안하게 받아들이려고 해서는 안 될 것입니다. 제가 처음에 대뜸 인화니 청렴이니 애민이니 말하였더라면 감사께서는 건성으로 들으셨을 것입니다만, 이렇게 스스로 깨달으시니 그 얼마나 속속들이 가슴에 새겨집니까?"

"그렇습니다. 아주 가슴에 아로새겼습니다. 그러니 실천도 잘 될 것입니다."

"아, 슬기롭고 예의바르신 감사님을 모시게 되어 기쁩니다."

"아, 문제를 주어서 바른 길로 이끌어주신 스승님, 진정한 교훈을 주셨습니다. 기대에 어긋나지 않게 가르침대로 정치를 잘하겠습니다."

어느 사이에 몰려왔는지 이 자리를 둘러싼 뭇 백성들은 감사와 학자에게 일제히 절을 하였는데 그들의 눈에는 눈물이 글썽거렸습니다.

(『한국전래 동화집 14』, 최래옥 엮음, 창작과비평사, 1998에서)

전라감사

왜 하필이면 주인공이 전라감사였을까요? 평안감사도 충청감
사도 있는데 말입니다. 전래 동화는 원래 이야기의 원형(原型)이
있고, 그 원형에 후대 사람들의 생각이나 이야기가 덧씌워집니
다. 그러니까 대개의 전래 동화는 현대와 그리 멀지 않은 시대의
사건의 흔적을 가지고 있다고 볼 수 있습니다.

이 동화에서 그 결정적 증거는 다음의 글에서 확인할 수 있습
니다. 바로 '감사란 지금의 도지사에 해당하는데 권세는 지금보
다 컸습니다'라는 말입니다. '지금의 도지사'라는 말에 주목해
봅시다. 조선시대에는 나올 수 없는 말입니다. 조선시대 감사에
해당하는 도지사는 광복 후 정부가 수립되면서 등장하는 관직
명인데, 아마도 전승된 이야기를 누군가 현대에 와서 채록(採錄)

하면서 친절하게 해설을 덧붙였기 때문에 이 말이 등장하는 것입니다. 이런 식으로 민담은 전승되면서 덧씌워지는 것입니다.

그런데 이야기의 원형은 신화적 연구 방법에 의하여 이해되는 경우가 많고, 후대의 이야기가 덧씌워진 전래 동화는 민담의 연구 방법에 의하여 쉽게 이해될 수 있습니다. 그러나 이 경우에서도 신화적 연구 방법을 배제할 수는 없습니다. 흔히 신화학자들은 신화가 풍부하고 전승이 잘된 그리스나 인도, 이집트의 신화들을 대상으로 하는 연구를 기피하는 것이 상식입니다. 왜냐하면 신화의 원형에 너무나 많은 것들이 덧칠되어 있어서 원래의 신화를 제대로 파악하기 힘들기 때문입니다. 이들이 찾는 곳은 아직 잘 알려지지 않은 원시 문화가 남아 있는 곳입니다.

역설적으로 필자가 전래 동화에서 이해하고자 하는 것은 그 원형도 중요하지만, 그보다 그 덧칠된 의미를 파악하는 데 주력하고자 합니다. 그래서 예로부터 백성을 위한 정치를 해야 한다는 신화나 이야기의 원형은 많지만, 왜 하필 전라감사냐 하는 점이 바로 이 덧칠된 부분이라는 것입니다.

이런 것들은 민담이나 전래 동화를 역사적인 관점에서 바라보는 것이 매우 중요하다는 점을 부각시킵니다. 이것은 전래 동화를 단순히 정신분석학이나 분석심리학으로만 이해하려고 할 때 놓치기 쉬운 부분이 있다는 점을 의미합니다. 어쨌든 전라감사는 이 동화를 이해하는 중요한 열쇠이고 우리는 지금 그 열쇠로 수수께끼를 풀어야 합니다.

언젠가 이 책 시리즈의 다른 곳에서도 말했지만, 전래 동화는 조선말이나 일제 강점기를 거치면서 현재의 것으로 탈바꿈된 것이 많습니다. 대표적인 것이 「해와 달이 된 오누이」나 「머리 아홉 달린 도둑」 등이 그것입니다. 이 동화도 예외는 아닙니다. 그래서 '백성들을 위한 정치'라는 입장에서 전라감사는 중요한 의미를 지닙니다.

예전에는 대개 전라도와 경상도 그리고 충청도 남부 지방은 삼남 지방이라고 해서 예로부터 농사, 그것도 벼농사를 많이 짓던 곳입니다. 물론 경기도와 충청 북부에도 평야가 있습니다. 그런데 이곳은 서울에 가까워 탐관오리나 관리들이 중앙 정부의 눈치를 볼 수밖에 없는 곳이고 집권당의 향리이므로, 수령들이 조심할 수밖에 없는 곳입니다. 반면 경상도나 전라도는 서울과 거리가 있었고, 조선 후기에 오면 서울 경기와 기호 지방을 토착 세력으로 하는 서인(西人), 그것도 노론(老論)이 집권당이 되면서 이들 지역에 부임한 수령들은 상대적으로 가혹한 정치를 할 수 있는 여건이 조성되었습니다. 우리의 주인공이 서울 사람이라는 것이 그것을 잘 말해줍니다. 특히 경상도는 그들의 정적(政敵)에 해당하는 남인(南人)이나 북인(北人) 계열의 실각한 정치인들의 근거지였기 때문에 집권당 노론 출신 관리들은 여기서 가혹한 정치를 했습니다. 그리고 전라도는 드넓은 평야가 많은 곡창 지대로 풍부한 쌀 생산지였으나 대부분이 대지주의 소유로 된 땅이어서, 이들과 결탁한 수령들의 가렴주구로 농민들의 원성과 불만이 가득한 곳이었습니다. 우리가 잘 아는 『춘향전』의 배경이 전라도가 된 것도 사실 이와 무관하지 않습니다. 물론 남원 땅은 전적으로 평야 지대는 아니지만 말입니다.

그래서 조선말이 되면 서울과 멀리 떨어진 곳부터 민란, 곧 민중 봉기가 자주 일어납니다. 1811년에 홍경래가 이끄는 평안도 민중 봉기를 비롯하여 1862년에 경상도 진주에서 일어난 임술 농민 항쟁이 그것입니다.

그리하여 농민에 대한 수령들의 수탈이 끊어지지 않고, 게다가 외세까지 국정에 개입하는 일이 벌어지자 1894년에는 동학 농민 항쟁이 전라도를 중심으로 일어나게 됩니다. 물론 나중에는 그 불꽃이 삼남 지방에 두루 퍼졌지만, 그 시작이 전라도 고부 땅의 조병갑의 학정에서 비롯되고, 동학군에 의하여 전라감사가 집무하는 전주성이 점령되는 사태에 이르게 됩니다.

동학군은 나중에 외세인 일본군에 의하여 진압됩니다만, 그러한 민중 항쟁의 사태가 일어나게 된 원인이 바로 이 이야기에 녹아 있다고 보는 것입니다. 곧 전라감사가 주인공으로 등장하고, 지방 실정을 잘 모르는 그 감사의 출신지가 서울이라는 것도 그 이유며, 지방의 학자에게 자문한 것도 그러한 사정이 잘 반영되어 있는 것입니다. 공교롭게도 농민군의 지도자인 전봉준은 지방의 학자입니다.

이런 점에서 볼 때 아마도 이 이야기를 전승시킨 주체는 동학 농민 항쟁을 겪은 민중들이고, 그것도 전라도 지역의 농민들의 입을 통하여 전승되지 않았을까 상상해봅니다. 이것을 염두에 두고 이 이야기를 다시 읽어보면 쉽게 이해가 될 것입니다.

훌륭한 가르침과 똑똑한 깨달음

감사는 훌륭한 관리가 되기 위하여 소개장을 들고 지방의 선비를 찾아갑니다. 아마 마음속에 자부심이 대단히 컸을 것입니다. 당당히 과거 시험에 합격하여 얻은 벼슬자리이기도 하고, 나름대로 권세도 있기 때문입니다.

그런데 이게 웬일입니까? 그 학자는 감사를 보자마자 손을 내저으면서 어서 돌아가라는 시늉을 하였습니다. 왜 그랬을까요? 우리는 여기서 이 학자의 범상치 않음을 살펴볼 수 있습니다. 대개 관리들이나 정치가들은 자기가 대단한 사람이라는 것을 과시하기 위하여 지방 유지들이나 이름 있는 학자를 찾아가 자신이 그들과 친하다는 것을 과시합니다. 이렇게 하면 이름뿐인 학자들이나 명예를 좋아하는 소인들은 그들과 어울리며 자신의 처지를 은근히 과시합니다. 서로가 서로를 이용하는 것이지요.

그런데 이야기 속의 이 학자는 다릅니다. 감사가 와도 시큰둥합니다. 이러한 그의 태도는 벼슬이나 관직을 그렇게 대단하게 여기지 않는 것처럼 보입니다. 학자는 그래야 합니다. 공부한 것을 몸으로 묵묵히 실천하는 사람이 진정한 학자입니다. 돈이나 명예, 관직 등에 곁눈질을 하면 진정한 학자가 아닙니다. 또 자기를 써주기를 바라면서 정치권에 추파를 던지거나 권력 주변에서 맴도는 것도 학자라면 볼썽사나운 일입니다. 뜻을 얻으면 나가서 백성들을 위해 온 힘을 다하다가, 그런 것이 불가능하다면 그 자리를 박차고 나와 진리를 탐구하며 인재를 양성하는 것이 진정한 학자의 길입니다. 그런 학자의 자존심과 자부심이 있었기에 감사가 와도 시큰둥했던 것입니다. 학자에게는 자신이 탐구한 진리가 이 세상 어느 것과도 바꿀 수 없는 가치가 있다고 여기는 자존심과 줏대가 있었기 때문입니다.

그래서 감사가 친한 친구의 소개장을 보여주자 마지못해 방으로 들입니다. 그리고 곧장 가르침을 주지 않고 나물, 냉수, 아이를 둥개둥개 어르는 것만 보여줍니다. 그걸 보고 스스로 깨닫게 합니다.

여기서는 그 학자를 통해 훌륭한 교육자의 모습도 보여줍니다. 요즘 성급한 학생들이나 학부모들은 교사들이 금방 답을 말해주기를 원합니다. 그렇게 하지 않고 오늘 이 학자처럼 했다가는 성의 없고 불친절한 교사라고 성토할 것입니다. 공부란 이렇듯 인스턴트 음식을 먹듯이 서둘러서 되는 것이 결코 아닙니다. 힘들게 알수록 오래 남고 진정한 공부가 된다는 사실을 아는 사람이 몇이나 되는지 궁금합니다. 온갖 과외나 장삿속으로 하는 속성 교육이 천박함의 극치를 달리게 하지요.

이렇듯 훌륭한 가르침은 지식을 머릿속에 암기하게 하는 것이 아니라 스스로 깨닫게 하는 것입니다. 깨달음이야말로 진정한 공부입니다. 깨달음은 거저 오는 것이 아닙니다. 대부분의 경우는 직접 체험을 통해야 얻을 수 있는 것입니다. 직접 체험한다는 것은 실천을 통해서 아는 것입니다. 실천을 통하지 않고 머릿속으로만 이해하는 것, 이것을 진정한 앎이라고 말할 수 있겠습니까? 절대 속지 마십시오. 공부란 노력 없이 그 성과가 쉽게 얻어지는 것이 절대 아닌데도, 어떤 비법이 있어 쉽게 안다고 하는 것, 모두 알고 보면 망하는 지름길입니다.

감사 또한 보통의 관리와 달랐습니다. 물론 내심 이 학자가 자신을 대우하는 것에 다소 불만이 없지는 않았지만, 그래도 자신을 되돌아보며 학자의 가르침이 무엇인지 곰곰이 따져보는 것은 기본적으로 관리로서의 자세가 된 것입니다. 그뿐만 아니

라 학자가 단지 세 가지를 보여주었을 뿐 아무 가르침도 주지
않았지만, 스스로 깨달아 터득하는 능력이 있습니다. 이런 능력
이 있어야 관리로서 어려운 일을 해결해낼 수 있습니다. 다시
말해 그런 것을 깨달았다는 것은 관리로서의 능력이 충분히 있
다는 것을 반증합니다.

그러니까 감사가 이해한 내용도 중요하지만, 감사의 지혜로
운 모습도 돋보이는데, 바로 이 이야기를 전승시킨 민중들의 입
장에서는 이런 감사가 있어야 한다고 생각했던 것입니다.

바른 정치의 도리는 인화·청렴·애민

인화(人和)란 여러 사람이 조화롭게 서로 화합하는 것을 뜻합
니다. 감사가 나물을 보고 이렇게 해석한 것입니다. 이 나물을
밥과 섞어 만든 비빔밥이 조화의 극치이지요. 밥 따로 나물 따로
가 아닙니다. 거기다 매콤한 고추장과 고소한 참기름이 섞여 나
물과 밥이 절묘한 조화를 이룹니다. 미식가 가운데는 비빔밥을
먹을 때 매 숟갈마다 그 맛이 다른 것을 느낀답니다. 그렇지만
모두 맛있는 비빔밥입니다. 조화란 이런 것입니다.

비단 음식만이 아니라 기악 합주를 하거나 건물을 지을 때도
각자가 맡은 영역을 잘해야 훌륭한 작품이 나옵니다. 정치도 이
런 것입니다. 백성들이 하는 일이 각자 같고 다름이 있으나 모두
조화를 이룰 때 살기 좋은 세상이 되는 것입니다. 따라서 인화란
백성들이 이처럼 조화롭게 되는 것을 말합니다. 가령 기악 합주
에서 어느 파트를 연주하는 사람이 자기를 돋보이게 하려고 지
휘를 무시하고 큰소리로 연주한다면 훌륭한 연주가 될 수 없듯

이, 국가에서도 국민 가운데 누군가 화합하지 않고 서로 다툰다면 살기 좋은 세상이 되지 않습니다. 인민들 간에 서로 화합하게 하는 것, 그것이 정치 지도자의 첫 번째 덕목이라는 것입니다.

청렴(淸廉)이란 깨끗하고 검소하며 탐욕이 없는 것을 말합니다. 흔히 부정한 일을 저지르고도 스스로 합리화하면서 『명심보감』에 나오는 '물이 너무 맑으면 물고기가 모이지 않는다(水至淸則無魚)'는 것을 인용합니다. 그런데 이런 사람은 그 다음에 이어지는 구절, 곧 '사람이 너무 살피면 친구가 없느니라(人至察則無徒)'는 말이 이어짐을 모릅니다. 이 말은 사람이 너그럽지 못하고 지나치게 시비를 가려 치우치지 말 것을 경계하는 말입니다. 적당하게 부정과 타협하라는 말이 결코 아닙니다. 여기에 맞는 속담은 '윗물이 맑아야 아랫물이 맑다'입니다. 그러니까 정치 지도자가 물처럼 맑고 거울처럼 깨끗하고 검소해야 아랫사람들이 부정을 저지르지 못할 뿐만 아니라 잘 따르게 되는 것이며, 궁극적으로 백성이 잘사는 나라가 됩니다.

그런데 흔히 유교적 국가에서는 지도자들이 백성을 '적자(赤子)'라 부릅니다. 적자란 한자 뜻 그대로 말하면 '붉을 적', '아들 자'로 표현됩니다만, 곧 갓난아기를 적자라 합니다. 그러니까 아주 힘없고 돌봐주어야 하고 연약한 아기처럼 백성들도 그렇게 보살펴주어야 하는 존재라는 표현입니다. 그런 마음으로 백성을 사랑해야 한다는 뜻입니다. 바로 주인공이 찾아간 학자가 자기 손자를 등에 업고 둥개둥개하는 것이 그 모습입니다.

그러니까 종합하면 이 인화와 청렴과 애민은 바로 유교적 정치 이념인 것입니다. 뒤에 이론적으로 자세히 설명하겠지만, 유교적 정치는 기본적으로 덕치주의(德治主義)입니다. 덕치주의란 힘으로 나라를 다스리는 패도 정치(覇道政治)가 아니라 덕으로 나라를 다스리는 왕도 정치(王道政治)를 말하는 것입니다. 그러니까 학자는 유교적 왕도 정치의 이념을 넌지시 알려주었는데, 다행히도 감사는 그 뜻을 정확히 깨달았던 것입니다. 이 얼마나 멋있는 장면입니까?

따라서 이 이야기의 전승 주체는 이러한 유교적 맹자 사상을 깊이 알고 있는 사람일 것입니다. 농민의 이익을 대변하는 식자층이거나 몰락한 양반으로 농민이 된 사람일 것입니다. 그야말로 아무것도 모르는 무지렁이 농민은 여기까지 생각이 미치지 못할 것입니다.

왜 감사인가?

조선시대의 지방 장관인 감사라는 직책의 다른 말로는 관찰사(觀察使)·도백(道伯)·방백(方伯)·도선생(道先生) 등 많은 별칭이 있었습니다. 보통 감사는 종2품 이상의 당상관이므로 직위를 따지자면 꽤 높았다고 할 수 있습니다. 이야기처럼 과거에 급제했다고 해서 바로 감사가 되는 것은 결코 아니지만, 이야기를 재미있게 그리고 속도감 있게 전개하기 위해서 그렇게 표현했나봅니다.

그런데 감사는 백성을 직접 다스리는 사람은 아닙니다. 따라서 앞의 이야기에서 백성을 다스린다는 이야기와는 맞지 않습니다. 그렇다면 왜 백성을 사랑하고 청렴이나 인화를 갖추어야 한다고 했을까요? 여기서 우리는 역사적 사실 또는 지식을 모르면 이 동화를 이해할 수 없습니다.

사실 백성들을 직접 다스리는 사람은 관찰사가 아니라 군수(郡守)·현감(縣監)·부사(府使)·목사(牧使) 등입니다. 곧 조선시대에는 도(道) 아래의 지방 행정 조직으로 군(郡)·현(縣)·부(府)·목(牧)을 두어 앞의 수령들이 직접 백성을 다스리게 했기 때문입니다.

그렇다면 동화에서는 왜 감사를 주인공으로 삼고 군수나 현감·목사·부사 등을 주인공으로 설정하지 않았을까요? 이 점을 이해하려면 관찰사의 역할을 알아야 합니다.

조선시대 관찰사의 역할은 크게 두 가지로 살펴볼 수 있습니다. 하나는 지방 수령들, 곧 앞에서 말한 군수·현감·부사·목사 등을 감독하는 역할입니다. 감사는 국왕의 특명을 받은 관리로서 끊임없이 도내를 순시하면서 1년에 두 차례 수령을 비롯한 외직(外職) 관리들의 근무 성적을 평가하여 보고하였습니다. 이 성적은 해당 관리를 상주거나 벌주는 절대적인 기준이 되었으며, 소문만으로도 해당 관리를 탄핵할 수 있는 권한이 주어지기도 했습니다.

둘째는 지방 장관의 역할로는, 모든 외직에 있는 관청의 상급 기관장으로서 도내의 모든 군사와 민사(民事)를 지휘·통제하였고, 독자적으로 일을 처리할 수 있는 권력을 주기도 했습니다. 따라서 군사(軍事)를 책임지는 병마절도사·수군절도사도 겸임하는 경우가 많았으며, 이것이 별도로 설치되어 있는 도의 경우에도 관찰사의 우위를 제도적으로 보장하였습니다. 그러니까 해당되는 도의 행정과 군사 및 사법적인 권력을 가지고 있는 것이 감사였습니다.

그러니까 이러한 감사에게 인화를 중시하고 청렴하며 백성을 사랑하는 덕성이 있어야, 그 아래에서 백성을 직접 다스리는 수령들을 제대로 감독하여 백성들이 널리 편안해질 수 있다는 생각이 반영되었기 때문에, 우리가 읽은 동화에서 감사가 주인공으로 등장한 것입니다.

민중들이 겪은 역사적 경험은 한두 명의 수령만 정치를 잘한다고 해서 모든 백성들이 편안해지는 것이 아님을 잘 알고 있었습니다. 물론 임금이 잘하면 온 나라가 잘 되겠지만, 임금은 백성들의 생각이 직접 반영되기에는 너무나 높고 깊고 먼 곳에 있었기 때문에, 아쉬운 대로 감사라도 제대로 정치를 했으면 좋겠다는 생각이 이 이야기에 반영되었던 것입니다.

덕치주의와 법치주의

요즘 우리는 법치주의를 부르짖고, 모든 것을 법대로 하자는 주장을 합니다. 모든 것을 법대로 한 결과 우리의 삶이 나아졌습니까? 법이 현실에 맞지 않을 때 그때그때 바꾸지 않으면, 인민들의 생활만 불편해지고 힘들어지지 않습니까? 사람들은 법을 어기지만 않는다면 '만사가 오케이다'라고 생각하고, 자기 행동의 동기가 불순했던 것에 대해서는 조금도 미안한 기색 없이 그 뻔뻔스러움을 드러내지 않습니까?

그러나 덕치주의란 덕으로 백성들을 다스리는 원칙을 말합니다. 이때 덕이란 지도자의 덕을 말합니다. 지도자가 법에 호소하는 것보다 먼저 덕을 쌓아야 통치가 제대로 된다는 생각입니다.

덕치주의에 대한 생각은 공자에서 비롯합니다.

백성들을 법이나 명령으로 이끌고 형벌로써 행동이나 풍속을 통일하게 하면, 백성들은 구차하게 형벌에 걸려들지 않는 것만 능사로 알고 잘못된 행동에 대하여 부끄러움을 모른다. 반면에 덕으로써 이끌고 예(禮)로써 행동이나 풍속을 통일하게 하면, 백성들은 자신의 잘못된 행동에 대하여 수치심을 갖게 되고 또한 바르게 된다. (道之以政, 齊之以刑, 民免而無恥. 道之以德, 齊之以禮, 有恥且格. 『논어』, 「위정」.)

공자의 이 말에 대하여 중국 남송 때의 주희는 "정령(政令)이란 다스리는 도구요, 형벌이란 정치를 보조하는 방법이다. 덕과 예는 다스림이 나오는 근본이다. 또 덕은 예의 근본이다"라고 하였습니다. 정치적 명령이나 법보다 덕과 예가 더 근본적이란 말입니다.

공자가 한 이 말의 전반부는, 오늘날 현대인들이 온갖 편법을 동원하여 일을 도모하면서도, 법을 위반하지 않은 것에 대해 다행이라고 여기는 것에 대한 경계가 담겨 있습니다. 변호사들은 법을 잘 아니까 오히려 그런 것을 돕고 있습니다. 여기서 필자는 변호사들이 잘못되었다고 말하려는 것이 아니라, 법을 만능으로 알고 만사를 법대로 처리하면 이런 현상이 생긴다는 점을 지적한 것입니다. 이것이 법치주의의 맹점입니다. 법을 악용하거나 편법을 저지르거나 법의 허점을 이리저리 피해서 일을 도모하는 것 말입니다.

공자의 이러한 사상을 이어받은 사람은 맹자입니다. 맹자는 '인정(仁政)', 곧 어진 정치를 펴야 한다고 하면서 이 덕치주의를 심화시킵니다. 맹자는 통치자가 어진 정치를 할 수 있는 근거에는 모든 사람에게 '가혹한 일을 차마 하지 못하는 마음(不忍之

心)'이 있다고 보기 때문입니다. 그 마음을 넓혀나가면 백성을 사랑하는 어진 정치를 할 수 있다고 보았습니다.

반면에 인정에 반대되는 말은 가혹한 정치, 곧 '학정(虐政)'으로 엄한 형벌과 혹독한 법으로 다스리는 것을 말합니다. 언제나 그렇듯이 폭군이나 탐관오리들은 이렇게 가혹한 형벌을 앞세우지요. 바로 이런 학정을 피하려는 마음이 이 동화에 반영되어 있는 것입니다.

꼭 학정이라고 말할 수는 없지만, 만사를 법으로만 해결하려는 것을 법치주의라 합니다. 중국에서 법치주의를 최초로 주장한 사람은 춘추시대 정(鄭)나라의 재상인 자산(子産)으로, 그가 기원전 536년에 정나라의 법률을 제정하여 그 조문을 청동기에 주조한 것이 중국에서의 최초의 성문법이라고 합니다. 이후 다른 나라들도 법을 만들었는데, 이것은 역사의 흐름에서 볼 때 지극히 당연한 것입니다.

공자는 이보다 늦게 태어났는데, 공자는 이것을 단호하게 반대하고 덕치주의를 주장한 것입니다. 역사의 이행 방향에서 보면 보수적인 입장이라고 하겠습니다. 학자들은 공자의 이런 덕치주의는 도시국가 귀족 정치의 전통이었던 부족 자치의 원리에 그 근원을 두고 있다고 합니다. 그러나 공자의 이 말은 옛날로 돌아가자는 뜻이 아니라, 개인의 양심의 토대 위에서 도덕적 자각에 근거한 정치 행위를 주장한 것입니다. 곧 양심과 수치심마저도 저버리는 법치주의의 맹점을 지적한 점으로 크게 평가해야 할 것입니다.

유학은 이렇듯 덕치주의와 인정을 정치적 이념으로 삼았고 이것을 선전하고 표방하였습니다. 그러나 후대의 유교 국가에서는 실제로 그것으로만 한 것이 아니고 동시에 법을 이용한 법치를 해왔습니다. 이른바 중국의 『대명률』이나 조선의 『경국대전』 등이 존재한 것을 보면 알 수 있습니다. 사회가 복잡해지고 인민들 사이에 분쟁이나 갈등이 있을 때 덕치만으로 해결할 수 없는 한계가 있기 때문입니다. 그러니까 우리는 매사에 한쪽만 강조하면 안 되고 균형 잡힌 태도가 필요하다는 지혜를 가져야 합니다.

왕도 정치와 패도 정치

맹자의 인정(仁政)은 통치자의 어진 마음에서 출발하는데, 그 구체적 내용은 백성들의 생업을 만들어주되 노인과 백성들이 생계를 유지할 고정적 재산이 있게 하고, 형벌과 세금을 줄이고 부역과 병역 때문에 백성들의 농사지을 시기를 빼앗지 않으며, 학교를 지어 집에 들어와서는 어버이를 섬기고 형을 공경하며 밖에 나가서는 웃어른을 섬기는 것을 가르치는 것입니다. 이렇게 하면 이웃나라의 백성들이 살기 위해 그 어진 정치를 베푸는 나라에 몰려드니, 부강한 나라가 되어 백성들은 외적의 침입을 스스로 막는다고 합니다. 그래서 그는 "어진 정치가 아니고서는 천하를 평화롭게 다스릴 수 없다"고 하고, 또 "어진 정치를 해서 왕 노릇하는 것을 아무도 막지 못할 것입니다"라고 하였으며, "차마 하지 못하는 마음으로 차마 하지 못하는 정치를 행하면 천하를 다스리는 것을 손바닥 위에서 할 수 있습니다"라고 하였습니다.

이렇듯 맹자는 어진 정치를 시행하여 백성들이 생업을 통하여 자식이나 어버이를 부양하고, 상(喪)을 당하거나 죽었을 때 서운함이나 불안감이 없는 상태를 왕도의 시작이라고 봅니다. 곧 이런 것이 어진 덕으로써 백성들을 잘 다스리는 왕도 정치의 시작이라고 본 것이지요. 그러니까 이 왕도 정치는 백성들을 사랑하는 마음이 없으면 불가능한 것이요, 그 사랑하는 마음은 곧 '가혹한 행동을 차마 하지 못하는 마음'에서 나온 것입니다.

그리고 그는 또 힘으로 어진 정치를 가장한 것이 패도 정치라고 보고, 패도는 반드시 큰 나라가 되고자 한다고 하였습니다. 패도는 사람들이 진정한 마음으로 따르지 않기 때문에, 천하 사람들이 마음속으로 따르지 않으면서 왕 노릇한 사람은 없었다고 하고, 왕도 정치를 실행할 것을 주장하며 패도 정치를 천시하였던 것입니다. 그러니까 패도 정치는 겉으로는 어질거나 정의로운 것을 표방하면서도, 실제로는 군사적 힘을 키워 이웃나라를 무력으로 굴복시키려고 하면서 백성들을 힘으로 다스리는 것을 말합니다. 우리나라 군사 독재 정권을 패도 정치라고 당시 지식인들이 말하기도 했는데, 바로 힘으로 국민들을 굴복시키려고 한 점에서 그렇게 비판하였던 것입니다.

법·술·세

왕도 정치를 주장한 맹자는 인간의 본래 성품이 착하다는 성선설(性善説)의 입장에 섰기 때문에 덕치주의를 표방하고 강조하였던 것입니다. 반면에 맹자의 정치 사상과 다른 통치 방법에는 법(法)·술(術)·세(勢)를 가지고 하는 것이 있습니다.

법은 원래 상앙(商鞅)이 주도하는 학파의 이론이었고, 세(勢)란 세력(勢力) 또는 권위(權威)를 말하며 맹자와 동시대 인물인 신도(愼到)가 주도하는 학파의 이론입니다. 또 술(術)이란 일을 처리하고 사람을 다루는 방법인 치국책(治國策)으로 신불해(申不害)가 주도하는 학파의 이론입니다.

후에 법가의 대표적 인물은 이사(李斯)와 한비자였고, 그들은 성악설(性惡說)을 주장한 순자(荀子)의 제자로서, 인간이 근본적으로 악한 존재이기 때문에 법으로 다스려야 한다고 믿었습니다. 법가의 주도적 인물은 한비자이지만, 둘 다 진시황을 도와 중국을 통일하는 데 이바지했습니다. 그만큼 법이 광대한 영토를 다스리는 데 덕보다 효율적이고 실용적이라는 점을 말해주는 것입니다.

한비자는 그 이전의 법(法)·술(術)·세(勢)의 세 학파의 이론을 종합하여 그의 이론을 만들어 체계화시켰습니다. 한비자의 이론을 이용하면 다스리는 사람이 성인(聖人)이나 군자가 될 필요도 없었습니다. 따라서 군주는 특별한 능력이나 고상한 도덕이 필요하지 않으며, 유가들이 주장하는 것처럼 선행을 위한 모범을 세울 필요도 없고 인격적인 감화도 필요 없게 되는 것입니다. 그러므로 군주는 자신이 모든 일을 할 필요도 없으며 백성을 부리는 술(術), 곧 통치 방법만 가지고 있다면 모든 일을 다해낼 수 있는 것입니다.

법가에 의하면 그들의 통치 방법은 지극히 간단합니다. 군주가 상벌(賞罰)의 권위만 쥐고 있으면 아무것도 하지 않고 나라를 다스릴 수 있습니다. 이러한 상과 벌은 한비자가 말하는 권력의 두 손잡이입니다. 인간의 본성은 이익을 추구하고 손해를 피하려고 하는데, 여기서 바로 상과 벌의 효과가 생기는 것입니다. 사실 오늘날 국가나 회사의 인사 행정이 여기에 근거를 두고 있습니다. 공무원이나 회사원들에게 직책을 주고 여기서 일을 제대로 하면 승진시키고 못하면 물러나게 하거나 그 자리에 머물게 하는 것 등이 그것입니다.

따라서 법가(法家)들이 말하는 법은 물론 오늘날 우리가 만인이 법 앞에 평등하다고 할 때의 법이 아닙니다. 그들이 말하는 법이란 군주를 제외한 일반 사람들에게만 적용되는 '일인지하(一人之下) 만인지상(萬人之上)'의 법입니다. 오늘날 용어로 말하면 법가의 주장은 통치조직론이나 방법론, 국가 통치 이론이나 지도 방법이 되겠습니다.

그러므로 이러한 법가의 법치주의는 공자와 맹자가 말하는 유교적 전통과 정면으로 충돌하는 사상입니다. 그러나 아이러니하게도 이러한 유교를 표방한 나라조차도 겉으로는 덕치를 주장하면서도 이면적으로 법가적 이론을 채택하고 있습니다. 구한말 박은식 선생은 당시까지의 유학이 겉으로는 공자와 맹자를 잇는다고 하지만, 사실은 순자와 순자의 뒤를 이은 법가의 이론으로 나라를 통치했다고 비판했습니다.

민본 사상과 혁명

백성이 나라의 근본이라는 생각이 민본 사상(民本思想)으로, 이 말이 처음 나온 곳은 『고문상서(古文尚書)』에 "백성은 오직 나라의 근본이니, 근본이 굳건하면 나라는 편안하다(民惟邦本,

本固邦寧)"는 말입니다. 이 말의 뜻은 임금은 마땅히 백성을 나라의 근본으로 삼고 백성을 보호하여야 나라를 편안히 할 수 있다는 것입니다. 공자는 "백성 부리기를 큰 제사를 받들 때처럼 하라"고 했고, 맹자는 여기서 더 나아가 "백성이 귀하고, 사직 (社稷)이 그 다음이며, 임금은 이보다 가볍다"고 하여 백성이 임금보다 소중함을 말하였습니다. 그리고 말하기를 "천하를 얻는데 방법이 있으니 백성을 얻으면 천하를 얻을 것이다"라고 했고, 또 말하기를 "임금에게 큰 잘못이 있으면 그것을 간한다. 반복해서 간하여 듣지 않으면 임금을 갈아치운다"고 하였으니, 그 '갈아치운다'는 말은 맹자의 저 유명한 '혁명(革命)'을 말한 것입니다. 민심이 곧 천심이고, 민심을 저버리면 천심을 저버리는 것이니 그런 폭군을 내쫓고 혁명을 해야 한다고 본 것입니다. 그러니까 민본 사상의 저 끝에는 혁명 사상이 도사리고 있는 것입니다. 이 얼마나 대담한 내용입니까?

　맹자는 천심이 백성의 마음에 내재했다고 보고 이렇게 주장하였지만, 오늘날의 민주적인 입장에서 보더라도 조금도 손색없는 사상입니다. 단지 백성이 정치의 주체로 등장하지는 못했지만, 당시나 최근까지의 처지를 보면 이해가 갑니다. 민주 정치란 백성의 정치적 능력을 전제로 해서 가능한 것이니까요. 어쨌든 우리가 읽은 동화에 나오는 감사가 가져야 할 출발점은 백성이 나라의 근본이라는 생각이고, 학자가 감사에게 말하지는 않았지만 자신이 한 말의 배경에는 혁명 사상도 포함시켰다고 보면 지나친 상상일까요? 맹자의 정치 사상을 조금만 안다면 이 점은 금방 지적할 수 있습니다.

인 화

이야기에서 감사가 맨 처음 깨달은 것이 바로 인화(人和)입니다. 인화란 유교의 인정(仁政) 사상의 중요한 내용으로 통치자와 백성이 모두 마땅함을 얻은 경지를 가리킵니다.

이 말 또한 맹자가 한 말인데, "하늘의 때는 땅의 이로움만 못하고, 땅의 이로움은 사람의 화합만 못하다"고 한 데서 유래합니다. 사람의 화합 이것이 바로 인화입니다.

그리고는 맹자는 강조합니다. 인화는 전쟁에서 적국에게 승리하는 결정적 요인이라고 말입니다. 비록 높은 성곽과 깊은 해자, 견고한 갑옷과 날카로운 병기, 풍부한 군량미가 있어도 민중들이 원치 않는 방어전이라면 실패한다는 것입니다. 반면에 인민들의 지지를 얻는다면 이기지 못할 전쟁이 없다고 합니다.

따라서 이 인화도 결국 백성들에게 어진 정치를 베풀어 그들이 스스로 왕을 돕고자 하는 자발적 마음에서 비롯하는 것이라고 말할 수 있습니다. 어찌 강제로 동원하거나 시켜서 되는 일이겠습니까? 덕치주의의 장점이란 바로 이런 데서 확인할 수 있습니다.

정약용과 『목민심서』

정약용에 대해서는 성인이라면 모르는 사람이 별로 없습니다. 그는 억울한 귀양 생활 18년을 통하여 많은 책을 썼지만, 그 가운데 앞의 동화와 관련된 책에 『목민심서(牧民心書)』라는 것이 있습니다. 정약용 하면 『목민심서』가 생각날 정도로 잘 알려진 책입니다.

그런데 정작 그 책의 내용이 무엇이냐고 묻는다면 아마도 섣불리 대답할 사람은 많지 않을 것입니다. 이런 예는 수없이 많습니다. 가령 천 원짜리나 오천 원짜리에 등장하는 율곡이나 퇴계의 무엇이 훌륭해서 돈에 나왔냐고 묻는다면, 이 역시 대답할 사람이 많지 않을 것입니다. 이렇게 우리는 수박 겉핥기 식 공부를 한 것입니다. 내용도 모르면서 시험에 나온다니까 그저 껍데기만 줄줄 외는 것을 공부라고 착각합니다.

'목민(牧民)'이란 목동이 소나 양을 치듯 고을 수령이 백성들을 그렇게 먹여야 한다는 뜻입니다. 그래서 수령들을 다른 말로 목민관(牧民官)이라고도 일컫습니다. 『목민심서』란 바로 이 목민관이 해야 할 일을 적어놓은 책입니다. 앞의 이야기에서 감사가 학자에게 묻는 그 내용입니다. 이 책에는 수령이 해야 할 일을 자세하게 나열해놓았지만, 이 동화와 관련된 내용 세 가지만 소개하려고 합니다.

먼저 율기(律己)입니다. 율기란 자기의 몸을 단속하고 자기 자신을 바르게 관리하는 것입니다. 율기의 내용에는 자기 몸을 단속하고, 청렴하고, 집안을 바르게 관리하고, 관청에 찾아오는 손님을 물리치고, 물건을 아끼며 가난한 사람에게 즐겁게 도와주어야 한다는 것입니다.

다음으로 봉공(奉公)은 공적인 일을 먼저 받드는 일로, 그 내용에는 나라를 먼저 생각하고, 법(임금의 명령)을 지켜야 하며, 공손하게 예(禮)를 지키고, 문서는 꼼꼼하게 직접 작성하여 보고하며, 나라에 바치는 물건은 정해진 대로만 받고, 모든 출장에는 성심껏 이행하는 것 등입니다.

끝으로 애민(愛民)은 백성을 사랑하는 것인데, 그 내용에는 노인들을 잘 보살피고, 어린이를 사랑하여 잘 먹이며, 불쌍한 사람을 돕고 혼인을 못하는 사람에게 혼인할 수 있도록 주선하고, 가족이 죽는 상(喪)을 당했을 때는 힘든 일을 면제해주고 곤궁하다면 도와주며, 심한 병에 걸린 자는 살아갈 길을 마련해주고, 수재나 화재 등은 예방이 최우선이나 그것을 당했을 때는 구출해주는 것 등입니다.

너무나 정확하고 자세하게 백성을 사랑하는 내용을 짚어내고 있지 않습니까? 우리가 읽은 동화의 내용을 정치가 입장에서 밝힌 것이지요.

편 가르기

편을 가른다는 것은 인화와 반대되는 일입니다. 편을 가르고자 하는 사람은 어차피 다 못 먹으니 반쪽이나 그 반의 반쪽이라도 먹고자 하는 사람의 행동과 같습니다. 그런 게 어디 있습니까? 이렇게 묻는 분이 있겠지만 분명히 있습니다. 우선 광복 후 우리 민족이 통일되지 못하고 두 쪽으로 나누어진 것도 정치 지도자들이 그 반쪽이라도 나누어 먹고자 했기 때문에 생긴 일입니다.

어디 그뿐이겠습니까? 남한에서는 또 어떠했습니까? 경상도당이다 전라도당이다 하여 정치가들은 또 그 반에 절반도 못 되는 그 반쪽을 서로 먹으려고 편을 갈랐습니다. 그 편 가르기가 아직도 끝나지 않았습니다. 오는 2007년 12월 대통령 선거가 시작되면 또 어떻게 편을 가를지 모릅니다.

여기까지만 말한다면 참 무식하다는 소리를 듣겠지요. 민주화 운동이 한창이던 1980년대에는 한쪽에서는 다른 쪽을 좌경화 세력이라 했고, 그 반대쪽은 상대를 향하여 보수 반동이라 편을 갈랐습니다. 또 경제적으로는 노동자 계급과 부르주아 계급으로 편을 갈랐고, 또 어떤 부류들은 남성과 여성으로 편을 갈라 이 세상 반쪽의 인구를 점유하는 여성들을 위한다는 구실로 남성들을 적대적으로 바라봅니다. 또 종교에서는 신자와 비신자로 편을 가르고, 종교 내부에서조차 정통파와 이단으로 편을 가릅니다.

이 편 가르기가 여기서 끝난다면 오죽 좋겠습니까? 불행히도 또 계속됩니다. 최근에는 현 정권을 친북 좌파라고 부르고 그 상대편을 보수 우익이라고 부릅니다. 이들은 물과 기름처럼 아예 화합을 기대하기 어렵습니다. 정치가들은 이렇게 편만 가르다 임기를 채우고 있습니다. 출신 배경이나 정당의 이념, 지지하는 계층에 따라 생각과 정책이 다를 수 있는 점을 충분히 고려해 보아도, 도무지 납득이 가지 않을 정도로 서로 반대하면서 편 가르기가 그칠 줄 모릅니다. 무조건 상대방을 반대하기만 하면 인기와 지지를 끈다고 착각하기도 합니다.

편 가르기의 원조는 원래 종교입니다. 무슨 교파가 그렇게 많습니까? 이것은 비단 우리나라의 지금의 종교를 말하는 것만은 아닙니다. 보편적으로 종교의 현상이 그렇다는 것입니다. 교리와 가르침에 대한 해석상의 차이가 표면적으로 보이는 교파 분열이지만, 그 내막을 들여다보면 추악한 경제적 이권 때문인 경우가 허다합니다.

마찬가지로 편을 가르는 사람들은 겉으로는 시민을 위해 참다운 정치를 한다고 떠들지만, 그 내막 역시 추악한 경제적 이권이나 권력욕이 도사리고 있습니다. 진정 국민을 위한다면 국민의 목소리를 제대로 들어보면 알 것입니다.

그러니 어떻게 인화를 부르짖는 것이 이천 몇 백 년 전의 맹자가 주장한 것이고, 또 동화 속의 일이라고 방치하겠습니까? 바로 오늘날 우리에게 필요한 것이 아닐까요? 인화를 위하여 앞장서야 할 사람은 시장 상인이나 농민들이 아닙니다. 지도자들입니다. 그것도 정치 지도자나 언론 기관에 종사하는 사람들입니다. 정작 인화를 주장해도 시원찮은 일인데도 당사자들이 더 편가르기를 해서 자신들의 이익만 챙기려고 하니 딱 벌어진 입이 좀처럼 다물어지지 않습니다.

큰 정치인은 편을 갈라서 작은 집단의 추앙을 받는 것에 만족해서는 안 됩니다. 편을 갈라 반쪽이나 그 반의 반쪽의 우두머리가 되는 일은 쉬운 일입니다. 그 반쪽만 위하는 사람에게 투표를 하지 맙시다. 생각과 이익이 다른 모든 사람들을 하나로 뭉치게 만드는 그런 능력을 지닌 사람에게 표를 던졌으면 좋겠습니다.

사색당파

과거 일본인들이 우리를 가르칠 때 조선 사람들은 단결할 줄 모르고 모래알처럼 흩어진다고 교육시켰습니다. 그 증거로 조선시대의 사색당파를 예로 들었습니다. 사색당파란 동인과 서인에서 갈라져 나온 남인과 북인 및 노론과 소론의 당파를 말합니다. 이렇게 조선 사람은 단결할 줄 모르고 남을 의지하는 사대주의 근성이 있다고 우리 역사를 들여다보는 태도를 식민사관이라 부릅니다. 우리 민족이 아직도 편을 갈라 대국을 섬기려 하고 자신의 일을 스스로 결정하지 못한다면 일본인들이 비웃겠지요. 그들의 조상들이 옳았다고 말입니다.

그런데 이 사색당파를 오늘날도 잘못 생각하는 사람들이 있는 모양입니다. 일본인 학자들은 의도적으로 그랬지만 말입니다. 자 보세요. 어느 사회나 뜻을 같이하는 정치 집단이 있는 것이고, 그 집단을 뭐라 부르든 간에 시간이 흐르면서 이름은 달리하더라도 계속 존속되는 것입니다. 당연히 정치 현실에서는 있어야 하는 현상입니다. 그렇지 않다면 일당 독재로 흐를 수밖에 없겠지요. 비판 세력이 없기 때문입니다.

그래서 조선 역사를 살펴보면 처음에는 동인과 서인으로 붕당이 형성되었고, 동인이 정권을 잡으면서 남인과 북인으로 갈라졌으며, 광해군의 쿠데타로 서인이 집권하면서 북인을 몰락시키자, 서인과 남인의 양당 체제로 정치 판도가 변하다가, 결국 남인은 몰락하고 서인 내부에서 갈라진 노론과 소론으로 갈라집니다. 그러니까 동시에 사색당파가 형성된 것이 아니라 시간이 흐르면서 계속 집권 세력 내부에서 분화되어 나오는 양상을 띠는 것이지요. 조선 사람이 인화 단결을 할 줄 몰라서 그렇게 된 것이 아닙니다.

그런데 우리가 일제 식민사관이 규정한 그 파당 짓기 좋아한다는 민족성을 스스로 증명해서는 안 됩니다. 적어도 자기 정권의 이익을 위해 구한말처럼 외세의 힘을 등에 업거나, 외교적 문제에서 목소리가 갈라져 다른 나라 사람들의 웃음거리가 되는 일이 있어서도 안 됩니다. 적어도 집안에서 싸우는 한이 있더라도 밖에 나가서는 그것을 표나게 해서는 안 됩니다. 우리의 내분은 남에게 유리한 기회를 제공하기 때문입니다.

소탐대실

바둑을 둘 때 흔히 소탐대실(小貪大失)이란 말을 쓸 때가 있습니다. 작은 집을 지키거나 얻기 위해 연연하다가 큰 집을 잃는다는 뜻입니다. 이 말을 국가적인 차원에서 말한다면, 개인의 이익을 추구하다가 나라를 망하게도 할 수 있다는 뜻입니다. 우리가 역사를 조금만 들여다보아도 이것을 쉽게 알 수 있습니다. 고구려나 신라 말, 그리고 조선이 일본한테 망할 때 귀족들은 나라보다 자신들의 이권과 권력 다툼에 몰두하다가 나라가 망하게 되자, 대부분 자신이 얻고자 한 것보다 더 큰 것을 잃었습니다.

그런데 나라가 망하는 것은 그저 외세가 갑자기 쳐들어와 망하거나 갑자기 내란이 생겨 망하는 것은 아닙니다. 먼저 내분이 일어납니다. 곧 국가 구성원들, 특히 지배층 사이에 화합이 되지 않아 인화가 깨어지고, 외세는 그것을 이용하여 그 내분을 더욱 부추깁니다. 결국 그 내분을 이용해 외세가 침투하고, 그것을 등에 업은 세력이 나라를 팔아먹는 단계를 밟아 망하는 것입니다.

나라가 망하면 제일 먼저 고통 받는 사람들은 힘없고 가진 것 없는 민중들입니다. 먼 옛날에는 나라가 망하면 백성들이 노예로 끌려갔고, 일제 때는 징용이나 징병 그리고 정신대로 끌려갔습니다. 비록 끌려가지는 않았지만 자기 땅에 살 수 없어 멀리 유랑민이 되기도 합니다.

그럼 귀족들은 어떻게 되었을까요? 일부는 나라를 되찾기 위해 투쟁하다가 죽거나 숨어 살았고, 나머지 일부는 나라를 팔아먹은 대가로 떵떵거리며 잘살았습니다. 가령 조선이 망하자 일제로부터 귀족의 작위(爵位)를 받아 친일파가 된 사람들이 이들입니다. 이 같은 사람들에게는 나라의 주인이 누가 되느냐 하는 것은 그리 대단한 일이 아닙니다. 내심으로는 이 나라의 주인이 일본이 아니라면 차라리 미국이 된다 해도 더 좋아할지 모릅니다. 그들에게 대항하지 않고 협조만 잘한다면, 계속해서 기득권을 확고하게 유지하며 잘살 수 있기 때문입니다. 그래서 이들은 나라에 큰일이 닥쳐도 자신들이 큰 손해를 보지 않는다면 큰 문제될 것 없다고 생각하는 사람들입니다.

또 전쟁이나 어려운 상황에서 목숨 바쳐 나라를 구한다는 생각은 이들에게는 없습니다. 일례로 6·25전쟁 때나 월남에서 싸우다 전사한 군인들의 출신 배경이 어떠한지 조사해본다면 이 사실을 금방 알게 될 것입니다. 더욱이 오늘날 잘사는 일부 사람들은 차치하고서라도 지도자라고 자처하는 사람들의 자녀들이 미국에 유학 가서 돌아오지 않고 시민권을 얻어 병역을 회피하더니, 후에 떳떳하게 돌아와 사업체를 물려받은 사람들도 역시 같은 맥락입니다. 이들은 결코 목숨 바쳐 나라를 위해 싸우지 않습니다.

그러니 결론은 간단합니다. 오늘날 우리 민족의 분열을 막고 서로 화해하며 이 땅을 지켜야 할 사람이 누구인지 말입니다. 바로 나라가 없으면 가장 손해볼 사람들이 그들입니다. 미국 영주권도 없고 해외에 묻어둔 재산도 없으며 유사시를 대비해 큰 재물을 비축할 여유도 없는 그런 사람들입니다. 힘없고 가난한 시민들이야말로 깨어 있어 나라를 지켜야 할 사람들입니다. 이들이 부화뇌동하여 기득권의 세력 다툼에 이용된다면 가망이 없습니다. 이것은 역사가 주는 교훈이며 우리가 역사를 공부하는 이유이기도 합니다.

참여 정부

현 정권을 '참여 정부'라 부릅니다. 이전의 김대중 정권은 '국민의 정부'라 했고, 그 이전의 김영삼 정권은 '문민 정부'라 불렀는데, 더 이전에는 생각이 안 납니다. 올 연말에 대통령 선거가 있으니 참여 정부의 임기가 채 1년도 안 남았습니다. 이 정부의 공과(功過)를 평가하는 작업이 여러 분야의 인사들에 의하여 이루어지겠지만, 필자로서 간단히 정리한다면 너무 성급한 일일까요?

참여 정부는 출범 초기부터 야심에 찬 계획을 시도하였습니다. 그 대표적인 것이 국가보안법 폐지 내지 개정, 친일 역사 청산, 사립학교법 개정 등입니다. 다만 행정 도시 이전은 우여곡절 끝에 진행되고 있습니다. 이런 것들은 주요 언론과 야당의 끈질긴 반대에 부딪혀 어느 하나 제대로 해결하지 못했고, 게다가 사상 초유의 탄핵 사건까지 겹쳐서 정권은 심한 타격을 입었습니다.

야당과 주요 보수적 일간 신문들이 반대하는 논리는 경제를 살리지 못하면서 무슨 과거 청산이냐고 몰아붙인 것과, 또 하나는 미국의 대북한 정책이 보수화되면서 불거진 북핵 문제에 대한 정부의 태도를 친북 좌경이라고 매도한 것입니다.

참여 정부에게 불리한 것은 미국의 대북한 정책만이 아니라, 이른바 경제와 무역 환경에서의 신자유주의 영향 때문입니다. 그것은 이 정부가 이전 정권, 이전 정권은 그 이전 정권의 연속적 영향을 받고 있기 때문이기도 하지만, 서민들은 못 살겠다고 아우성이고 기업가들은 기업하기 좋은 환경을 만들어달라 보채는 딜레마를 해결해야만 하는 과제를 안았습니다.

참여 정부는 자신에 대한 비판이나 비난의 여론에도 불구하고 나름대로 잘한 부분이 있을 것입니다. 그러나 국민들은 그것을 잘 알지 못합니다. 필자 또한 그렇습니다. 그것은 우리의 눈과 귀가 되어주기는 하나 언제나 특종 기사에 목매다는 언론 기관의 관심 밖에 있기 때문입니다.

그럼에도 불구하고 일간지에 게재된 참여 정부에 대한 비교적 건전한 비판 내지 평가를 정리하면 크게 두 가지로 말할 수 있습니다.

우선 참여 정부는 사회를 통합할 의제를 제시하지 못했다는 것입니다. 곧 참여 정부 인사 가운데 과거 민주화 운동 경험이 있는 사람이 많은데, 민주화 이후 대안이 없었다는 점입니다. 다시 말해 민주주의 실천에 대한 정교한 프로그램이 없어 이해 관계를 달리하는 다양한 사회 집단들의 타협·대화·소통에 적절하게 대처하지 못했다는 것입니다. 바로 우리가 읽은 동화에서 제시하는 내용입니다. 북핵 문제만 해도 그렇습니다. 참여 정부의 의도와는 달리 보수 신문과 인사들, 그리고 보수적 종교에서는 북한에 무조건 반대하는 과거 냉전 시대의 태도를 보였습니다. 심지어 주권 국가가 당연히 소지해야 할 전시작전통제권 반환에도 반대하였습니다.

상징적으로 이 두 문제만을 거론했지만, 참여 정부는 국론이 분열되고 갈등만 조장된 사태를 통합할 적절한 대안을 마련하지 못했습니다. 정권 담당자에게는 과거에 우호적인 집단만 내 편이 아니라, 적대적 입장에 섰던 사람들도 껴안아야 할 책임과 의무가 있는데도 그들을 배척하다보니 일이 더 악화되고 말았습니다. 정권은 개인이나 어느 집단의 소유물이 아니라 국민이 잠시 위탁한 것이기 때문입니다.

다음으로 양극화가 조장되었다는 점입니다. 그리하여 삶에 대한 예측 가능성이 더 희박해졌습니다. 그래서 정부는 양극화 해소를 위해 부단히 노력했지만, 이 또한 반대하는 사람들로부터 사회주의 좌파 정책이라는 비난을 받기도 했습니다. 또 한쪽에서는 비정규직 문제 등에서 볼 때 정부가 기업들에게 유리한 정책을 펴 오히려 양극화가 심화되었고, 잘못된 부동산 대책으로 특정 지역의 부동산 가격이 상승하였다고 주장합니다.

물론 이러한 문제 해결은 정부 여당이 단독으로 해결할 수 있는 게 아닙니다. 야당의 적극적인 협조가 필요한 부분입니다. 법 개정을 해야 하니까요. 문제는 탄핵 사건 이후 총선에서 과반수 의석을 점유한 여당에서 나름대로 좋은 기회도 있었고, 정치적 역량을 발휘하면 가능했음에도 불구하고 오히려 야당의 반대에 휘둘려 제대로 일하지 못했다는 것이 지금까지의 평가입니다.

그 외 세계화의 이슈 속에서 경쟁만 강조했고, 교육 정책의 실패, 한미 FTA 협정 문제 강행 등을 꼽기도 합니다.

물론 이러한 비판이 다 옳을 수는 없습니다. 아직 그 결과가 나타나지 않은 일도 있기 때문입니다. 그리고 이러한 것을 가지고 매몰차게 참여 정부만 비판하는 것은 지나치다고 할 수 있습니다. 필자의 입장에서 볼 때 이러한 비판은 자칫 이전에 한국 축구 대표 선수들이 경기에서 졌을 때 비난하는 여론과 같다고 생각합니다. 평소 축구에 대한 관심과 애정 그리고 지원이 없다가 경기 결과만 보고 비난하는 것 말입니다. 이렇다면 또 누가 감독이나 대표 선수가 되더라도 마찬가지 결과나 나옵니다. 정부에 대한 국민의 태도가 문제입니다. 현재와 같은 풍토 속에서 누가 대통령이 되든 달라질 게 없습니다. 국민들의 생활 여건이 더 악화되지 않으면 다행입니다. 좋은 나라는 국민들 스스로 만들어나가는 것이지, 정치 지도자가 메시아처럼 모든 사람을 구제해줄 것이라 믿는 것은 아직도 순진한 종교인들의 태도와 같습니다.

다만 정치가들에게 기대하는 것은 국민들의 건전한 개혁 동력과 사회 발전 역량을 이끌어 사회의 각종 갈등을 조화롭게 화해시켜야 하는 점입니다. 그것을 못한다면 크게 비판을 받아야 합니다. 그래서 정권이 바뀌는 것입니다.

큰 정치가의 등장을 기다리며

앞의 이야기에서는 화합을 통한 인화를 나물에 비유했지만, 필자는 비빔밥에 비유하겠습니다. 오케스트라에 비유해도 적절합니다. 곧 화합이란 각자의 개성과 역할을 존중하는 데서 오는 것입니다. 각자의 개성을 죽여 획일화하는 것, 그래서 한 목소리를 내는 것 그런 것은 화합이 아닙니다. 그것은 병영(兵營) 사회며 지금의 북한 사회나 과거 군사 독재 시절에서나 있을 수 있는 일입니다.

비빔밥은 모두 다른 재료이지만 서로 섞여 독특한 맛을 냅니다. 나물 맛만 있는 것도 아니고 고추장 맛만 있는 것도 아니며, 그렇다고 밥맛만 있는 것도 아닙니다. 화합이란 바로 그런 것입니다. 자기의 맛을 잃지 않으면서 서로 모였을 때 독특한 다른 맛을 내는 것, 그것이야말로 진정한 화합이지요.

가정의 화합도 그렇습니다. 가족 구성원들의 개성과 성격을 존중받으면서도 가정의 법도를 벗어나지 않는 것입니다. 가장이 자식들을 윽박지르거나 반대로 자식들이 부모에게 반항하며 부모의 말을 따르지 않는다면 진정한 화합을 기대할 수 없습니다. 식구들이 저마다 다른 주장과 의견을 내더라도 그것을 인정하면서 조화롭게 가정을 이끌어나간다면, 훌륭한 가장이 됩니다.

마찬가지로 사회나 국가 기관에서도 그렇게 화합을 이루어야 합니다. 야당은 야당의 목소리를 내고, 여당은 여당의 목소리를 내며, 노동자는 노동자의 목소리를 내고, 경영자는 경영자의 목소리를 내더라도, 그것을 잘 통합하는 것이 정치가의 몫입니다. 유능한 오케스트라의 지휘자처럼 말입니다.

자, 그렇다면 누가 그것을 하겠습니까? 우리 주변에 그런 사람이 없습니까? 그런 정치가가 안 보입니까? 그런 사람은 있어도 좀처럼 대통령 후보에 올라오지 못합니까? 안타깝습니다. 훌륭한 지도자를 배출해내지 못하는 사회는 참으로 불행합니다.

그런 큰사람이 그립습니다.

　그러나 실망하지 마십시오. 그런 지도자가 없어서 오늘날 우리나라 정치판이 이렇게 된 것은 아닙니다. 그것은 그런 지도자를 알아보지 못하는 시민들의 무지와 편견 때문입니다. 대다수 시민들은 언론에 비춰진 모습만 보고 사람들을 판단하는데, 언론에서 사람을 판단하는 데는 한계를 지녔고, 또 특정 언론에 적대적인 사람은 결코 좋은 사람으로 소개될 수는 없는 노릇이기 때문에, 훌륭한 지도자가 제대로 평가받기는 쉽지 않습니다.

　더욱이 덕 있는 지도자는 스스로 나오기를 좋아하지 않습니다. 그는 겸손하고 사사로운 욕심이 없으며 자기 과시나 선전을 싫어하기 때문에 더욱 노출되지 않습니다. 그런 사람이 나오도록 하는 것이 시민의 몫입니다. 훌륭한 지도자는 결코 스스로 나오지 않는 법입니다. 찾아서 모셔와야 합니다. 삼고초려(三顧草廬) 말입니다.

　그런데 자기 스스로 지도자가 되겠다고 나서고, 더욱이 내가 아니면 안 된다고 한다면, 그 사람의 속 알맹이는 보나마나할 것입니다.

[1] 유가(儒家)의 덕치주의와 법가(法家)의 법치주의의 장단점을 오늘날의 현실에 비추어 논해보시오.

[2] 오늘날처럼 이익 집단이 많고 각자의 견해가 다양한 세상에서 어떻게 시민들의 조화로운 화합을 이끌어낼 수 있을까요? 도덕적인 유가적인 입장과 실용적인 법가적인 입장에서 논해보시오.

[3] 국가는 개인의 자유와 권리를 제한하며 개인 위에 군림하는 조직일까요? 아니면 개인의 생명과 재산을 보호하기 위한 울타리 같은 것일까요? 각자의 입장에서 말해보시오.

신선 그림

―이방인에게 가혹하게 하지 말라

신선 그림

옛날에 어떤 사람이 길을 가다가 그만 날이 저물었습니다. 그래서 인제 어디 가서 하루 저녁을 묵어야겠기에, 여기저기 살펴보다가 집이 그다지 크지는 않지만 밥술이나 먹는 듯해 보이는 집을 하나 찾아갔습니다.

"여봐라!"

머슴이 나와서는 무슨 일인가 묻기에, "내가 지금 길을 가다가 날이 저물어서 하루 저녁을 묵고 가고 싶은데, 어떠한가?" 하였습니다.

그래서 머슴이 주인장한테 말을 전하니까 주인도 선선히 응낙하였습니다.

밥도 잘 얻어먹고 손님들이 지내는 사랑방에서 하룻밤을 자게 되었습니다. 이 집 사랑은 그 동네 문객들이 모여서 재미있게 노는 방인가봅니다.

그런데 이 나그네가 몇 날 며칠 발을 씻지 않았던지 발 고린내가 굉장합니다.

"아이구, 냄새가 나서 못 살겠다."

이런 소리가 여기저기에서 났습니다. 이 사람인들 눈이 없겠습니까, 귀가 없겠습니까?

"아, 내가 길을 좀 걸었더니 발 냄새가 좀 날 것이오만, 어쩌겠소? 하룻밤 신세를 지는 것도 다 전생의 인연이니 그저 이해하시구려. 그러나저러나 내가 노곤하여 견딜 수가 없으니 먼저 잠을 자야겠는데, 미안하지만 좀 용서하시지요."

그러면서 이내 다리를 쭉 뻗고 아랫목에서 잠을 자는데, 발향기보다 더 지독한 것은 드르렁 드르렁 코고는 소리입니다. 어찌나 시끄럽게 코를 고는지, 이 또한 천지를 진동합니다.

"안 되겠다. 오늘 저녁은 저 작자 때문에 다 망쳤다. 저자를 깨워서 한 번 시험을 해보자. 시를 한 수씩 짓자고 하여서 신통치 않으면 추방해버리자는 말이다."

"응, 그래. 쫓아낼 핑계가 좋아. 우리 양반 체면에 그냥 주먹다짐으로 나가라고 할 수는 없거든."

이렇게 상의를 하고는 곤하게 자는 사람을 깨워서, 우리가 이렇게 시간을 허무하게 지낼 게 아니라 시를 한 수씩 짓자고 제안하였습니다. 영문도 모르고 자다가 일어난 사람은 처음에는 어안이 벙벙하였습니다.

"아니, 이 동네 풍습은 다들 한숨씩 자고나서 문장 공부를 하시나보지요? 참으로 희한한 풍습이군, 허참."

그러자 사랑방꾼들은 속으로 웃음이 나왔으나 넉살 좋게 그

렁다고 하면서 각자 시를 짓기로 하였습니다. 어떤 사람은 한문 시를 짓는가 하면 어떤 사람은 시조를 짓습니다. 그런 연후에 직접 읊습니다. 낭랑한 목소리로 노래를 하는 셈이지요. 이렇게 차례차례 돌아오다가 이 사람 차례가 되었습니다. 다들 이 사람 을 주목하였습니다. 그런데 이 사람이 자기가 시 지을 차례가 되자 얼굴이 벌개지면서 손을 내저었습니다.

"여러분들 들으시지요. 나는 시를 짓지도 못하고 읊어댈 줄도 모릅니다. 다른 재간은 하나있지만 이 자리에서 받아주실지 모르겠습니다."

그러자 사랑방꾼들은 아무것이나 당신 솜씨를 보이라고 양보 하면서 호기심이 나서 이 사람이 하는 거동을 찬찬히 보고 있노 라니, 자기가 베개 삼아서 베고 자던 보따리를 끄르더니 종이와 붓, 벼루를 꺼냈습니다.

"아니, 이런 지필묵을 꺼낸다면 시를 짓겠다는 것이 아니오?"

"지필묵이 나왔다고 해서 다 시나 문장을 지으라는 법이 있겠 소? 나는 환쟁이요. 그러니 이 자리에서 이 종이 위에다가 멋진 그림을 하나 그려보겠소."

그러자 다들 좋다고 하였습니다. 종이를 쭉 펴놓고 물을 떠다 가 먹을 갈아 붓에 듬뿍 먹물을 묻히고는 차근차근 그리기 시작 했습니다. 어느새 산과 바다가 생기고 천도복숭아인지 과일나 무도 생기고, 집과 사람도 생기고, 우리가 살아가는 모습과 똑같 이 그렸습니다.

"야, 기가 막히다. 어쩌면 이렇게 잘 그릴까?"

"우리는 당신이 이런 재주가 있는 줄 몰랐소. 아까는 실례했

수다."

"참 잘 그리셔. 우리가 여기에 들어간다면 얼마나 멋질까? 산도 강도 바다도 좋고, 아 여기 배를 타고 유람한다면 정말 멋있을 거야. 안 그래?"

이렇게 감탄하면서 농담처럼 이런 경치에서 살고 싶다느니, 한 번 구경을 가고 싶다느니 하니까, 그 화가가 이윽고 둘러선 사랑방 사람들에게 말하기를, "정말로 여기 가보고 싶소? 배도 타고 말이오?" 하고 물었습니다.

"그럼요. 여기 있는 사람치고 안 가고 싶은 사람이 있겠어요? 정말로 가보고 싶지만 그림 속이니까 꿈도 못 꾸지요. 당신이 괜히 그림을 그려가지고 우리 마음만 술렁거리게 하는구려. 좀 야속하외다. 이제 잠이나 자면서 저 그림 속에나 가볼까? 꿈속에서. 하하하."

화가가 정색을 하면서 말하였습니다.

"정 여러분이 소원하신다면 이 그림 속에 들어가게 해주리다. 자, 배를 탑시다. 여기 그림 속의 배에 발을 내미시오. 곧 배가 떠납니다."

그러자 사람들은 킥킥 웃으면서도 장난삼아 다들 일어서서 그림의 배에다가 한 발을 척 올려놓았더니, 이것이 어찌된 일입니까? 어느새 사람들은 다 배에 올라탄 것이 되어버렸고 이내 배는 강 위에 두둥실 떠가는 것이었습니다. 순식간에 그림이 현실로 나타난 이 놀라움. 정말로 그들은 신선 세계를 여행하게 된 것입니다. 처음에는 배가 두둥실 가더니 조금 있다가는 화살같이 달리는데 머리가 어질어질할 정도였습니다. 순식간에 몇 백 리를 간 것 같았습니다. 이윽고 한 섬에 도착하여 주위를 살펴보니 아까 그 그림과 똑같은 신선이 산다는 훌륭한 산이 있었습니다.

"아, 여기가 그 신선 산이 아니야? 벌써 왔나? 오늘 참 멋진 여행을 다하네. 이제 신선도 만나보겠네."

"에끼, 이 사람아. 자네처럼 속된 사람이 무슨 낯으로 신선을 만난다고 하나? 여기 온 것만도 감사한 줄 알게. 신선을 만날 생각은 행여 하지도 말고 말이여."

"에끼, 이 사람아. 사돈 남 말한다더니 내가 할 말을 자네가 하니까 한결 수월하네. 자네가 깨끗한 사람인 척하지 말게. 자네가 나에게 금방 말한 것만 하더라도 그 심술이 보통인가? 그 심술 가지고 신선을 잘도 만나겠네, 쳇."

이렇게 서로 싸우니까 화가가 사랑방꾼들을 인솔하고 가다가 충고하였습니다.

"여러분, 여기 오셔서는 조용해야 할뿐더러, 여기 있는 과실을 따먹어서도 안 되고 서로 미워하고 샘을 내는 행동을 해서도 안 됩니다. 여기가 바로 신선이 사는 곳이고 천도복숭아도 있는 곳이요. 이 천도복숭아로 말하면 옛날 동방삭이가 세 개만 먹고도 삼천갑자를 살았다는 것이 아니오? 그러나 속세 사람인 여러분은 절대로 먹어서도 안 되고 훔쳐서 옷 속에 감추어도 안 됩니다. 다만 눈으로 보는 것으로 그쳐야 합니다. 훔칠까말까 이러한 검은 마음이 지나가기만 하여도 신선이 다 알기에 조심조심해야 합니다. 아시겠습니까? 천도복숭아에 절대로 손대지 말라는 것을."

이렇게 신신당부를 하자 다들 "예, 그러지요" 하고 약속하면서도 하나 따가지고 싶은 생각이 간절하였는데, 아닌 게 아니라 화가가 천도복숭아를 손으로 만질 수 있을 만큼 가까운 거리까지 이들을 인도하자 다들 몰래 따서 옷 속에 넣기 바빴습니다. 그러나 아무 탈도 당장에 나타나지 않아서 안심이 되었습니다. 몇 번이나 주의를 주었어도 사람 심사라는 것이 하지 말라면 더 하고 싶은 법이라, 결국 따지 말라는 주의는 따라는 유혹과 같았습니다.

"아무개도 따넣는데 내가 딴들 어떨라고?"

"설사 벌을 받아도 나만 받는다더냐? 우리가 다 받지. 매를 맞아도 동네 매가 낫더라고 다같이 벌 받으면 낫겠지 뭐."

"저것을 따면 우리가 죽는다고 하지만 아직 아무도 안 죽었잖아? 괜히 겁을 준 것뿐이야."

이렇게 자기들 좋을 대로 생각하고 천도복숭아를 따먹기도 하고 옷 속에 넣기도 했습니다.

화가가 "그럼 구경들 잘하셨소? 조금만 지체하면 영영 못 가니까 이제 서둘러서 떠납시다. 빨리빨리 배를 타세요. 아 참, 아까 내가 천도복숭아를 따지 말라고 한 부탁을 다 지키셨지요?" 하니까 다들 어정쩡하게 "예"라고 대답하였습니다.

그러자 화가가 다시 "어쩐지 대답이 시원시원하지가 않습니다. 어찌되었건 빨리빨리 갑시다" 하면서 재촉하기에 이들 일행은 배를 타고 넓고 넓은 바다로 나왔습니다.

바다의 중간쯤 오니까 파도가 일기 시작하였습니다. 바람이 불기 시작한 것입니다. 배가 기우뚱하자 뱃멀미하는 사람이 나오기 시작하였습니다. 파도가 집채 만하고 바람이 태풍으로 바뀌자 다들 뱃멀미를 해대는데 차마 눈뜨고 볼 수가 없었습니다. 이리 뒹굴고 저리 뒹굴고 여기서 캑캑 토하고 저기서 아이구 어지러워하면서 엎드려 있는 모습이라니, 지옥에 갔다온 사람들 같았습니다.

"어허 큰일이네, 큰일이여. 아까 신선 산에 가서 먹지 말라고 신신당부한 천도복숭아에 손대셨구면. 그러니 신선들이 그냥 계시나? 하여간 우리는 이 망망대해에서 영락없이 배가 뒤집혀서 죽게 생겼네. 아이구, 이를 어쩌나? 내가 아까 그 말을 하지나 말 것인데…. 아이구, 우리 처자식은 어찌하나? 아이구, 저 나이 많으신 우리 부모보다 내가 먼저 가서 어찌하나? 아이구, 여기서 죽으면 무덤도 없을 게 아니여?"

구구절절 옳은 말씀. 어쩌면 이 화가는 남의 속을 그리 잘 아시나…. 하여간 살아만 남으면 오죽이나 죽을까?

"자, 하늘이 무너져도 솟아날 구멍이 있다고 했으니 어찌되었든 빨리 이 바다를 빠져나갑시다. 서로 붙들고 있으면 뱃멀미가 좀 가라앉는다고 하니까 서로 꼭 붙드시오. 우리 죽으면 같이 죽고 살아도 같이 삽시다. 우리 목숨은 하늘에 맡겼다고 생각하고 가는 것이지요."

화가가 이렇게 위안도 하고 겁도 주니까 사람들은 종잡을 수가 없어서 "아이구 신선님, 아이구 부처님, 살려주세요" 하고 몸부림을 쳐가며 소리소리 질렀습니다.

한편, 사랑방 주인이 한밤중에 자다가 들으니까 어디서 곡소리가 낭자하게 났습니다. 슬픈 울음소리가 가득하더라는 말입니다. 주인은 정신이 번쩍 나서 숨을 죽이고 귀를 기울여 들어보니 바로 자기 집 사랑방 쪽에서 수많은 장정들이 소리치는 것이었습니다.

"아니, 어쩌자고 한밤중에 저렇게 소리를 질러대나. 한 놈도 아니고 여러 놈이나. 한번 가보자."

이리하여 주인이 나가서 사랑방 문을 열어보니까, 사랑방꾼들이 다 일어서서 붙들고 울어 젖히면서 무엇인가를 발로 짓이기고 있었습니다. 마치 흔들리는 배에서 중심을 잡으려고 무엇인가를 단단히 디디는 것 같았습니다. 참으로 희한한 일이었습니다. "아이구, 하느님, 부처님, 신선님" 하다가 "아이구 배야. 아이구 천도복숭아를 바다에 던집니다. 살려주세요, 잘못했습니다." 이렇게 죽겠다고 야단법석인 것을 본 주인은 처음에는 어리둥절하다가 나중에 이 사람들이 도술에 걸린 것을 알고 벼락같이 호통을 쳤습니다.

"야 이 놈들아, 이게 무슨 지랄이냐, 응?"

그러자 한 친구가 주인의 바짓가랑이를 꽉 잡아당기면서 애걸합니다.

"아이구, 신선님이 기어코 오셨구먼요. 용서해주세요. 저는 처자식이 ….."

"아이구 신선님, 저는 천도복숭아 하나밖에 안 따넣었습니다. 저 친구는 세 개나 넣었지만 …. 제 것은 여기 도로 바칩니다."

그러면서 주인에게 천도복숭아라고 바치는데 보니까, 아 글쎄 사랑방에 걸어둔 메주 덩어리가 아닙니까? 이것을 바지춤에서 꺼내 조심스럽게 무릎을 꿇고 바치는 것이었습니다. 그러자 다른 사랑방꾼도 메주 덩어리를 꺼내서 바치는 것이었습니다.

"이 자들이 도술에 홀려도 이만저만 홀린 것이 아니로구나. 에라, 이 놈들 정말로 정신 나게 해줄까보다."

그래서 얼른 우물에 가서 두레박으로 물을 한 동이 퍼가지고 아직도 정신을 못 차리고 있는 사랑방꾼들을 향해서 확 끼얹었었습니다.

"에그 추워, 이게 무슨 날벼락이야."

"에그, 진짜로 물에 빠져죽네."

"사람 살려, 물이야, 물!"

이렇게 소리를 지르며 헤엄치려고 허우적거리는데, 주인이 다시 물을 끼얹었었더니 그제야 가까스로 정신을 차리는 사람이 있었습니다.

"아이구, 우리가 언제 사랑방에 돌아왔지. 하여간 살았다. 휴우, 신선님 고맙습니다. 아니, 집주인 영감님 아니세요? 어찌 알고 이렇게 마중 나오셨어요?"

"에라, 이 미친놈들아. 도술에 걸려서 우리 메주만 다 망쳐놨구나. 메주 덩어리가 뭐 천도복숭아야? 뭐 내가 신선이야? 뭐 여기가 바다라고 방바닥에서 소리만 질러? 이 놈들아, 우리 메주나 다 변상해라."

그러나 화가는 그러거나 말거나 잠만 쿨쿨 자고 있더랍니다.

(『한국전래 동화집 14』, 최래옥 엮음, 창작과비평사, 1998에서)

문 객

　국어사전에 보면 문객(門客)을 '권세 있는 가문에 날마다 문
안 오는 손님'으로 풀이해놓았습니다만, 다른 말로는 식객(食客)
이라고도 합니다. 그러나 문객을 받아주는 사람이 권세 있는 사
람이라고 한정할 필요는 없습니다. 오늘 읽은 동화의 주인공도
그리 권세가 대단한 사람은 아닙니다. 동화의 표현을 따르자면
'집이 그다지 크지는 않지만 밥술이나 먹는 듯해보이는 집' 정
도에 불과합니다. 또 집주인이 '지랄'이라는 표현을 한 것을 보
면 그다지 학식과 교양이 많은 사람도 아니고, 그저 부지런히
돈을 모아 부자가 된 평범한 사람인 것 같습니다.

　이렇듯 예전에는 어느 정도 먹고 살 만한 집이라면 늘 사람들
이 우글거렸습니다. 『명심보감』에 보면 "집이 가난하다면 시장

가운데 있어도 외롭고, 부자라면 산 중에 살아도 사람이 북적댄
다"는 말이 있습니다. 이것은 세상의 인심이 그렇다는 뜻입니다.
잘사는 집에 사람이 모여든다는 것이지요. 왜 잘사는 집에 사람
이 모여들까요? 아마 초등학교 1학년에게 물어도 금방 답이 나
오겠지요? 먹을 것도 있고, 얻을 것도 있기 때문입니다. 예전에
는 못 사는 사람들이 많았기 때문에 부잣집에 가면 얻어먹을 수
도 있고, 운이 좋다면 술까지 얻어 마실 수도 있습니다.

　또 주인도 그것을 싫어하지 않습니다. 좀 넉넉하다면 사랑방
에 식객들이 모여들어 양식을 축내는 데 대해서 그다지 아까워
하지도 않았고 당연할 것으로 여겼습니다. 그 이유는 풍습이 원
래 그랬습니다. 사람들은 집안에 사람이 북적대야 잘산다고 믿
었고, 또 그렇게 대접하는 것이 인심이 후한 것이라 여겼기 때문
입니다. 다른 말로 말하면 남을 대접한다는 것은 남에게 덕을
베푸는 일입니다. 덕을 베푸는 일이란 선행이며 모든 도덕과 종
교에서 좋은 일이라고 권하고 있지 않습니까? 그래서 대문짝에
'개문만복래(開門萬福來)'라고 크게 써 붙여놓기도 했습니다.
문을 열면 모든 복이 들어온다고 믿었던 것이지요.

　그런데 문객이란 아무나 되는 것이 아닙니다. 대개는 가난하
거나 몰락한 양반 출신이 많았습니다. 글은 읽을 줄은 알지만
그렇다고 농사지을 땅 한 평도 없는 사람들입니다. 그래서 글재
주나 뽐내면서 때로는 지략을 숨기고 때를 기다리는 사람들도
있었습니다.

　그런데 권세 있는 집안의 문객 가운데는 나름대로 야심을 갖
고 찾아오는 사람도 있었습니다. 자신이 직접 벼슬할 수는 없지

만 주인의 책사(策士)가 되기도 했지요. 나중에 주인을 출세시키고 그 덕분에 그의 신임을 받아 벼슬을 얻기까지 하고요.

바로 이 이야기는 이런 식객들이 우글거리는 부잣집의 사랑방을 중심으로 전개되고 있습니다. 예전에 흔히 볼 수 있었던 풍경이지요.

도 술

이 이야기에 나오는 낱말 가운데 도술(道術)과 같은 문화적 배경을 가진 것에는 어떤 것이 있나요? 중학생 정도면 답을 말할 수 있을 것입니다. 네. 신선, 천도복숭아이지요. 모두 도교와 관계된 낱말입니다. 도술은 도교의 도사나 신선이 부리는 술법입니다. 그럼 도교는 무엇이고 신선은 무엇일까요? 이 역시『전래 동화 속의 철학』시리즈 4권에서 충분히 다루었기 때문에서 여기서는 자세한 설명을 생략하겠습니다.

다만 도술에 대해서 약간 설명하자면 이런 것입니다. 도술은 워낙 종류가 많아 여기서 다 말할 수는 없지만, 가장 많이 추구했던 것이 불로장생(不老長生)술입니다. 곧 늙지 않고 오래 사는 것을 말합니다. 그 밖에 귀신을 부린다든지 변신하는 것이 있고, 학을 타고 하늘은 난다든가 계절을 마음대로 변하게 하고, 자신의 전생(前生)을 보거나 앞의 이야기처럼 그림을 그려 일이 벌어지게 하고, 축지법(縮地法)을 사용하는 것 등입니다.

그러니까 이 동화에서 환쟁이, 곧 화가가 부린 도술은 오늘날로 보면 일종의 집단 최면술입니다. 당시는 그것을 과학적으로 설명할 수 없었기 때문에 모두 도술의 범주에 넣어 이해했던 것입니다. 도교 문화의 배경이 흠뻑 묻어나는 동화이지요.

발 고린내

발 고린내는 좋아하는 사람은 거의 없을 것입니다. 발에서 땀이 많이 났을 때 씻지 않고 오래두면 이런 냄새가 납니다. 유달리 많이 나는 사람도 있습니다.

그런데 사람에 따라 체취가 유달리 강한 사람이 있습니다. 동양인보다 서양인이 더 심하다고 합니다. 그래서 서양에서 향수가 발달한 것은 그 때문이라고 주장하는 사람도 있습니다. 생물학을 조금 공부한 사람들 중에는 이런 냄새가 많이 나는 사람을 우스갯소리로 더 동물적이라고 말합니다. 왜냐하면 동물들 가운데는 특유한 냄새를 가지고 자신의 존재를 알리거나 영역을 표시하기도 하거든요. 사람에게도 분명 이 같은 것이 있을 터인데 진화의 과정에서 많이 줄어들었다고 하지요. 그래서 진화가 덜 된 사람에게 이런 특유한 냄새가 난다고 놀리기까지 하지요. 근거가 있는 말인지는 모르지만요.

어쨌든 필자가 이 동화를 통해 말하고자 하는 발 고린내는 나와 다른 타자를 상징한다는 점입니다. 다시 말해 피부색, 머리카락 색깔, 문화, 종교, 풍습 등이 다른 사람을 말하고, 좁게는 성격이나 행동, 태도, 몸의 장애 등이 다른 것을 말하는데, 보통 사람과 구별되거나 소외되는 사람을 상징한다고 봅니다.

그래서 사람들은 특히 전통 사회에서는 자신의 문화와 이질적인 요소에 대해서 상당히 배타적인 태도를 지니고 있었습니다. 마치 발 고린내를 풍기는 사람을 대하듯이 그런 사람을 배척하였습니다.

복수의 미학

이 이야기에서는 나그네의 발 고린내 때문에 같이 있던 다른 문객들이 그를 싫어합니다. 게다가 우리 속담의 '굴러온 돌이 박힌 돌 뺀다'는 말처럼 나그네는 코를 골며 먼저 잠에 빠집니다. 물론 양해를 구했습니다만, 같이 있던 사람들이 좋아할 리가 없겠지요.

문객들은 그것조차 너그럽게 받아줄 여유가 없었나봅니다. 그래서 그들은 늘 잘난 척하던 시 짓기를 통해 곤히 잠자는 나그네를 깨워 쫓아내려고 합니다. 원래 문객들이란 글깨나 읽은 양반들이고 나름대로 식견이 있는 사람들이거든요. 그렇지 못하다면 문객이 될 수도 없겠지요. 그것은 집 주인이 글공부하는 선비들을 아낀다는 체면에 부합하는 일이기도 하고요. 이런 것은 흔히 양반 사회의 술좌석에서 흔히 있는 일입니다. 우리가 잘 아는 『춘향전』에서 변학도 생일날 걸인이 되어 나타난 이몽룡을 쫓아내기 위해 시를 지어보게 하는 것도 바로 이것입니다.

어쨌든 식객들은 곤히 잠자는 나그네를 깨워 억지로 시를 짓게 합니다. 처음에 영문을 모르는 나그네는 어안이 벙벙하여 대꾸합니다. "아니, 이 동네 풍습은 다들 한숨씩 자고 나서 문장 공부를 하시나보지요? 참으로 희한한 풍습이군, 허참." 그러고는 금방 그 의도를 알아차립니다. 그래서 그림을 그려 이른바 도술을 걸었던 것입니다. 요즘말로 말하면 집단 최면을 걸었던 것이지요.

우선 그림을 그려 사람들의 시선을 끌고 주의를 집중시켰습니다. 그리고는 그 종이 위에 발을 올려놓게 함으로써 최면을 걸었습니다. 그리고 맨 나중에 최면을 풀어주지도 않았습니다. 최면에서 깨어나게 한 것은 주인이 물을 퍼부었기 때문이지만, 한바탕 주인과 문객 사이에 소동이 일어났어도, "화가는 그러거나 말거나 잠만 쿨쿨 자고 있더랍니다"라고 한 것을 보면 다분히 고의적인 따돌림에 대한 복수인 것입니다.

이 얼마나 유쾌하고도 아름다운 복수입니까? 그렇다고 상대방에게 큰 피해를 주지 않고도 말입니다. 더구나 주인이 기어코 메주 값을 물게 할지도 모르지만, 어쨌든 이 사람들을 난처하게 만든 것 또한 복수에서 금상첨화라 할 것입니다.

이방인에게 가혹하게 하지 말라

이 이야기는 예전의 사랑방에서 흔히 있을 수 있는 소재로, 유머를 가미하여 전개시킨 점에서 대단히 작품성이 뛰어납니다. 유머 때문에 주제가 다소 가려지는 흠이 있기는 하지만, 그런대로 배를 잡고 웃을 수 있는 여유 속에 주인공의 악의 없는 복수로 주제를 크게 손상시키지는 않고 있습니다.

흔히 '감옥에도 텃세가 있다'는 말이 상징하듯이, 세상 사람들이 살아가는 데는 나름대로 텃세, 좋게 말하면 기득권이 존재합니다. 어느 사회나 말입니다. 그것은 동물 세계도 자신의 영역이 있는 것과 마찬 가지로 인간의 본능처럼 보입니다.

그러나 그것이 때로는 좋지 못한 모습으로 등장합니다. 기득권이 지나치면 오히려 인간 사회의 발전을 가로막거나 조화를 해치는 경우가 허다합니다. 이 이야기에서도 하룻밤 정도 나그네의 발 고린내를 참고 보낼 수도 있는데 군이 곤히 자는 사람을 깨워 시를 짓게 하여 못 지으면 밤중에 쫓아내려는 행동이 참으로 지나친 텃세로 보입니다.

그런데 이 동화 작가는 그렇게 해서는 안 된다는 강한 메시지를 이 화가의 도술을 통한 복수로 전달하고 있습니다. 나그네를 너무 따돌리거나 괴롭히지 말라고 말입니다.

이런 논리를 좀더 확대해 보면 이 사랑방을 우리가 사는 사회 또는 세상으로 볼 수 있습니다. 나그네는 우리와 다른 문화나 외모를 가진 이방인 또는 다른 인종의 외국인이라 말할 수 있습니다. 비록 전통 사회에는 외국인을 접할 일이 별로 없고 대부분의 텃세의 대상은 이방인이지만, 오늘날은 외국인의 관점에서 충분히 해석해낼 수 있는 동화라고 생각됩니다.

타인에 대한 배려

이 이야기의 논리를 더 보편적으로 확대시키면 내가 또는 우리가 아닌 타자에 대한 배려가 필요하다는 것으로 해석할 수 있습니다. 전통 사회로 갈수록 일반적으로 폐쇄성이 강합니다. 그래서 나, 우리 가족, 우리 가문, 우리 씨족처럼 나를 중심으로 똘똘 뭉칩니다. 그리고는 급기야 양반과 쌍놈으로, 중화(中華)와 오랑캐로, 더 나아가 문명과 야만으로, 그리고 선진국과 후진국 등으로 나와 남을 갈라서 생각합니다.

그뿐만 아닙니다. 우리 고장 출신과 다른 고장 출신, 우리 학교 동문과 다른 학교 동문 등으로 나와 남을 구분하고, 종교에서도 하느님과 사탄, 교회와 세속, 정통과 이단, 신자와 비신자, 보수 신학과 자유 신학 등으로 자기와 타자를 나누고, 정치 경제적으로 자유 민주와 공산 독재로, 자본주의와 사회주의로, 보수 우익과 친북 좌파로, 친미와 반미로, 진보와 보수 등으로 타자를 인식합니다.

이렇듯 내가 어느 쪽에 서면 다른 쪽에 선 사람은 타자가 되어 내가 타협할 수 없는 상대, 조금의 배려도 할 수 없는 상대로 되어버립니다. 그래서 서로에게 불신과 비난과 증오의 화살을 퍼붓습니다.

이 이야기는 타자에 대한 나름대로의 배려가 없을 때 어떤 일이 벌어지는가를 보여줍니다. 비록 이야기는 아름답게 복수하는 것으로 끝맺었지만, 실제 사회에서는 더 큰 혼란과 비극이 도사리고 있음을 경고하는 것이지요.

네 이웃을 네 몸과 같이 사랑하라

우리는 이웃에 대해 말할 때 쉽게 공간적으로 가까운 사람을 가리킵니다. 그러나 그런 상식적인 견해를 뒤엎는 경우도 있습니다. 다음 글은 성서에 나오는 그 유명한 예수의 '선한 사마리아인의 비유'인데, 이것이 거기에 해당됩니다.

어떤 율법사가 일어나 예수를 시험하여 말하기를, "선생님 내가 무엇을 해야 영생을 얻겠습니까?" 예수께서 이르시되, "율법에 무엇이라 기록되었으며 네가 어떻게 읽느냐?" 대답하여 말하기를, "네 마음을 다하며 목숨을 다하며 힘을 다하며 뜻을 다하여 주 너의 하나님을 사랑하고 또한 네 이웃을 네 몸과 같이 사랑하라" 하였나이다. 예수께서 이르시되, "네 대답이 옳도다. 이를 행하라. 그러면 살리라" 하시니, 이 사람이 자기를 옳게 보이려고 예수께 여쭙기를, "그러면 내 이웃이 누구입니까?" 예수께서 말씀하시기를, "어떤 사람이 예루살렘에서 여리고로 내려가다가 강도를 만나매 강도들이 그 옷을 벗기고 때려 거반 죽은 것을 버리고 갔더라. 마침 한 제사장이 그 길로 내려가다가 그를 보고 피하여 지나가고, 또 이와 같이 한 레위인도 그곳에 이르러 그를 보고 피하여 지나가되, 어떤 사마리아인은 여행하는 중 거기 이르러 그를 보고 불쌍히 여겨 가까이 가서 기름과 포도주를 그 상처에 붓고 싸매고 자기 짐승에 태워 주막으로 데리고 가서 돌보아주고, 이튿날에 데나리온 둘을 내어 주막 주인에게 주며 가로되, '이 사람을 돌보아주라. 부비가 더 들면 내가 돌아올 때에 갚으리라' 하였으니, 네 의견에는 이 세 사람 중에 누가 강도 만난 자의 이웃이 되겠느냐?"라고 하시자, 말하기를, "자비를 베푼 자니이다." 예수께서 이르시되, "가서 너도 이와 같이 하라" 하시니라(「누가복음」 10장 25-37절).

여기서 강도를 만난 사람의 이웃이란 지나가던 제사장이나 레위인도 아닙니다. 제사장이란 사제로서 종교적 지도자요, 레위인이란 유대인의 12지파 가운데 유대교의 사제를 배출하는 지파로, 유대인 가운데서도 유대인이라 할 만큼 자부심이 강한 족속입니다.

그러나 이들은 강도를 만난 사람의 이웃은 아닙니다. 진정한 이웃은 당시 유대인들에게 천대받는 지역 출신인 사마리아 사람입니다. 사마리아인들은 유대인들이 포로 생활을 할 때 이방인들과 혼인하여 그들의 피가 섞인 사람들입니다. 유대인들이 천하게 여기는 사람입니다. 이처럼 사마리아인이 이웃이 된 것은 천하기 때문이 아니라 그가 도움을 주었기 때문입니다. 도움을 주는 사람의 입장에서 볼 때 이웃이란 나와 공간적으로 가까운 사람만을 가리키는 것은 아닙니다. 그 사람이 누구든 상관이 없습니다. 현재 나의 도움이 필요한 사람 그가 바로 나의 이웃입니다.

따라서 기독교에서 '네 이웃을 네 몸과 같이 사랑하라'고 할 때 그 '이웃'이란 이 이야기에서 볼 때 특별히 어떤 지역이나 혈연이나 어떤 특정 종교나 이념이나 문화에 속한 사람을 정해 놓고 사랑하라는 것이 아닙니다. 피부색, 인종, 정치 체제, 문화, 종교 등에 상관없이 도움이 필요할 경우에 돕는 것이 진정으로 이웃을 사랑하는 것이라 생각됩니다.

그러니까 이방인이라고 해서 사랑하지 못할 이유도 없고, 외국인이라고 해서 무조건 배척해서도 안 되며, 종교가 다르다고 해서 못 본 척해서는 안 될 것입니다.

사람을 사랑하라

사람을 사랑하라는 말을 한문으로 '애인(愛人)'이라고 합니다. 보통 사랑하는 연인(戀人)을 애인이라 부르기도 하지만, 공자가 『논어』에서 말한 원래의 뜻은 그것이 아닙니다.

그의 제자 번지(樊遲)가 공자 사상의 핵심인 인(仁)에 대하여 묻자 "사람을 사랑하는 것(愛人)"이라고 대답했습니다. 흔히 '사람다움'으로 해석되는 인(仁)을 남송 때의 주희(朱熹)는 '마음의 덕(德)이요 사랑의 이치'라고 풀이했지만, 공자의 '사람을 사랑하는 것'이라는 표현보다 이론적이지만 절실하지 않습니다.

또 그의 제자인 자유(子游)에 의하면, 공자는 "군자는 진리를 배우면 사람을 사랑한다"고 말했다는 것을 보면 이를 더 확인할 수 있습니다. 그리고 "제후국 정도의 나라를 다스릴 때는 일을 삼가서 하며 미덥게 하고 아껴 쓰고 사람을 사랑하며 백성을 때에 맞게 부린다"고 하고, "동생이나 자식 된 사람은 집안에 들어와서는 어버이께 효도하고 집 밖에 나가서는 어른을 공경하며 삼가고 미덥게 하고 널리 많은 사람들은 사랑하되 어진 사람과 친하게 지낼 것이다. 그렇게 행동하고도 힘이 남아돌면 글을 배울 것이다"라고 한 것을 보면, 공자가 얼마나 사람을 특별히 가리지 않고 널리 사랑하고자 했는가를 짐작할 수 있습니다. 자신의 가족이나 고장에 있는 사람만 한정하지는 않았습니다.

물론 공자가 널리 사람을 사랑하라고 한 것은 나라를 다스리거나 벼슬하는 사람의 입장에 주로 해당되는 말입니다. 대개 공자에게서 교육받은 사람들 가운데는 그런 목적으로 들어온 사람들이 많았기 때문입니다. 그래서 공자가 사랑하라는 것은 정치 지도자, 곧 지배층의 입장에서 그렇게 하라는 것으로 비판적으로 이해하는 사람들이 있습니다. 그렇다 하더라도 사람들을 사랑하는 것은 매우 중요하며, 통치자 입장에서 더욱 절실히 요구되는 덕목이며, 앞의 예수의 말 못지않게 차별 없이 인간을 사랑하라는 강력한 메시지가 들어 있습니다.

서로 사랑하라

앞의 기독교 성서 인용에서 '네 이웃을 네 몸과 같이 사랑하라'는 말을 했습니다만, 이렇듯 '서로 사랑하라'는 말을 들으면, 대부분의 사람들은 기독교의 전유물로 생각할 것입니다. 더욱이 무차별적인 타인에 대한 사랑이라고 한다면 말입니다.

사실 이러한 주장은 기독교에만 있는 것은 아닙니다. 이와 똑같이 주장한 사람은 공자보다 조금 뒤에 맹자보다는 조금 앞 시대에 살았던 춘추전국시대의 묵적(墨翟)이라는 사람입니다. 철학사에서 묵자(墨子)라는 인물로 많이 소개되지만, 태어난 나라나 태어나고 죽은 해도 확실하지 않은 인물입니다. 묵자는 묵자한 사람을 말하기도 하지만, 학파를 이룬 집단을 가리키기도 합니다.

학자들에 따르면 묵자는 처음에 공자의 학문을 공부했다고 합니다. 사랑(愛)이라는 표현을 쓰는 것을 보면 확인이 됩니다. 그러나 곧 공자를 배격하고 새로운 주장을 세웠다고 합니다.

그를 따르는 집단은 하층 무사 출신이거나 기술자 등의 노동을 하는 계층이었다고 합니다. 그래서 묵자 사상은 이렇게 힘없는 사람들을 대변하는 것이었고, 이런 사람들이 그를 따랐다고 합니다. 그래서 나중에 맹자는 "세상에 양주(楊朱)와 묵적의 주장이 가득 찼다"고 한탄한 것을 보면, 당시 묵자의 영향력이 얼마나 대단했는지 알 수 있습니다.

참고로 양주는 극단적인 개인주의를 주장한 사람으로, 맹자의 표현을 빌면 '자기 몸의 터럭 하나를 뽑는 일이 세상을 이롭게 하더라도 하지 않는 인물'로, 학자들은 그의 사상을 위아주의(爲我主義)라고 부릅니다.

여기서 묵자는 공격용 전쟁을 찬성하지 않았고 전쟁을 할 수밖에 없는 경우에는 방어 전쟁을 허용하였는데, 그래서 그가 발명한 도구에는 전쟁 무기가 가장 많았고, 그것도 공격 무기가 아닌 방어용 무기였습니다. 이렇듯 묵자가 만든 방어용 무기들은 약소국 제후들로부터 환영을 받았고, 그래서 그는 송나라의 대부 벼슬을 받기도 했습니다.

그의 여러 사상 가운데 '겸애(兼愛)'라는 것이 있는데, 바로 앞에서 말하는 '서로 사랑하라'는 것입니다. 더 정확히 말한다면 겸애란 자기를 위하듯 친구를 위하고, 내 부모를 위하듯 친구의 부모를 위하는 것이라고 했습니다. 여기서 그 '겸할 겸(兼)' 자에 주의해서 해석해야 제대로 뜻을 풀이할 수 있습니다. 내 부모나 나를 버려두거나 희생해서 남을 위하는 것과는 다소 뉘앙스가 다릅니다. 오히려 '네 이웃을 네 몸처럼 사랑하라'는 말과 정확히 일치합니다.

또 묵자는 '겸상애겸상리(兼相愛兼相利)'를 말합니다. 역시 그 뜻도 "너와 네 부모와 자식을 사랑하는 것과 같이 타인과 그 부모와 자식을 서로 사랑하고, 너와 네 부모와 자식을 이롭게 하는 것과 같이 타인과 그 부모와 자식을 서로 이롭게 하라"는 것으로 역시 위의 뜻과 같습니다. 맹자의 표현을 빌면 묵자는 "머리부터 발꿈치까지 닳아서 몸이 없어진다 해도 그렇게 해서 세상에 이로울 수 있다면 하겠다"는 신념을 가지고 실천하는 사람입니다.

이것을 종합해보면, 묵자의 겸애설은 세상을 평화롭게 하는 정치 사상에서 출발하는 것인데, 자기를 위하듯 남을 위하고 자기 나라를 위하듯 남의 나라를 위한다면, 온 세상이 이로워져서 결국 그 이익이 자기에게 돌아갈 것이라고 보았습니다. 그래서 화려한 음악이나 집이나 거창한 장례 등을 배격하고 검소하게 절약하며 살았습니다.

사실 사람들의 감정을 살펴보면, 자신의 부모나 자기 자식을 남보다 더 사랑하는 것이 자연스런 현상입니다. 그러나 묵자의 이러한 주장은 자연스런 감정대로 내버려두면 세상이 더 혼란해지니까 이렇게 남을 나처럼 사랑하는 이성적인 방법에 의하여 그 문제를 해결하고자 했던 것입니다. 이러한 태도는 그의 다음과 같은 말에서 확인할 수 있습니다. "만일 당신이 무슨 일 때문에 어디로 떠난다고 해보자. 많은 임무가 위험하고 길이 험해서 돌아오지 못할지도 모른다면, 당신은 처자식을 어떤 사람에게 맡기겠는가? 자기 가족이나 다름없이 당신 가족을 돌봐줄 사람에게 맡기겠는가? 아니면 당신 가족보다 자기 가족을 먼저 생각하는 사람에게 맡기겠는가?"

우리는 현재 우리나라 사람만 먼저 사랑하고 외국 사람이나 이방인을 그 다음으로 생각하는 경향이 있는데, 이것도 따지고 보면 인간의 자연스런 감정에서 나온 것이 분명합니다. 만약 우리가 우리들에게 하듯이 외국인도 똑같이 사랑해야 한다고 주장한다면, 이것 역시 이성에 기초한 것입니다. 묵자라면 후자를 주장하겠지요.

사랑하는 데도 순서가 있다

묵자는 자신의 무차별적인 사랑에 상대해서 차별적인 사랑을 별애(別愛)라고 불렀습니다. 직역하면 '차별적 사랑' 정도로 이해하면 되겠습니다.

묵자와 상반되게 차별적 사랑을 주장하는 것 가운데 하나는 "내 부모와 자식을 먼저 사랑하고 난 다음에 타인의 부모와 자

식에게 사랑을 베푼다"는 것인데, 이 같은 태도를 견지한 사람
은 맹자입니다. 어떤 학자는 맹자의 이러한 태도를 '방법적 차별
애주의'라는 표현을 써서 맹자의 궁극적 목적은 박애(博愛), 곧
널리 사랑하는 것이지만, 그 순서가 가까운 데서부터 출발한다
고 봅니다. 어쨌든 차별을 인정한다는 것은 인간의 자연스런 감
정에 기초하고 있습니다. 우리 속담에도 '팔이 안쪽으로 굽는다'
든가 '피는 물보다 진하다'가 그것을 잘 말해주고 있습니다.

맹자는 묵자를 '아비를 업신여기는 자'라고 비판하면서, 어째
서 남의 아비와 나의 아비가 같으며 남의 자식이 내 자식과 같은
지 따졌습니다. 먼저 자기 어버이를 어버이로 모실 줄 아는 사람
이 남의 어버이를 모실 줄 안다고 보고, 먼저 자기 어버이를 모
시고 자식을 보살펴야 한다고 생각했습니다.

맹자의 학설을 받아들인 유학은 이렇게 '친친(親親)', 곧 '가까
운 사람에게 더 잘해준다'는 원리를 적용시켜나갔습니다. 묵자
의 주장은 후대의 유학자들의 비판 속에서 점차 사라지고, 맹자
의 이러한 주장이 자리를 잡고 전통으로 굳어졌습니다. 그래서
나와 핏줄이 얼마나 가까운지를 나타내는 촌수(寸數)를 따지게
되고, 사람이 죽었을 때 상복을 어떻게, 또 언제까지 입느냐 하
는 것도 바로 이 같은 사상에 의하여 가까운 순서대로 정했던
것입니다. 이런 모습은 현대에도 남아 있는데, 가령 유산 상속도
특별한 유언이 없는 한 그렇게 하고, 가령 공무원들의 특별 휴가
일수도 여기에 기초하고 있습니다. 나에게 가까운 사람이 상을
당했을 때 휴가 일수가 많고 멀어질수록 적습니다.

문제는 유가의 이론으로 볼 때 나의 어버이와 자식을 사랑한

후 그것을 바탕으로 남의 어버이와 자식으로 나아가야 하는데도 실제로는 대다수가 그렇지 못하다는 것입니다. 말이야 무슨 소리를 못하겠습니까? 행동이 안 되니까 문제이지요.

그러나 역사를 너무 비관적으로 볼 필요는 없습니다. 우리 역사의 전통에서 그것을 실천한 위인들을 발견할 수 있기 때문입니다. 사실 이들의 공통점은 자신의 가족을 먼저 사랑하고 남을 사랑했다는 논리가 적용되었을 텐데, 겉으로 보면 오히려 자신의 가족보다 국가나 민족의 이익을 위해 희생했다는 것이 옳은 판단인지 모르겠습니다. 가령 이순신이나 안중근, 김구, 수많은 의병장 등 말입니다. 그러나 이들이 가족을 사랑하지 않았다고는 믿지 않습니다. 그 사랑의 표현이 보통 사람과 달랐지 않았나 생각합니다. 나라가 위급한 처지에 있었기 때문입니다.

그러니까 '내 가족을 사랑한 후 남의 가족까지 사랑한다'는 논리는 어떤 면에서 대단히 공허할 수 있습니다. 진정한 사랑이 뭔가? 또 어떻게 하는 것이 사랑인가를 따지지 않는다면 이렇게도 저렇게도 해석할 수 있습니다. 묵자의 경우도 마찬가지입니다. 그게 말처럼 쉬운 것은 아닙니다. 가령 내 아들과 남의 아들이 동시에 병으로 앓고 있다고 합시다. 내가 갖고 있고 환자를 살릴 수 있는 약은 겨우 한 사람만 먹일 수 있는 양이라고 합시다. 둘로 나누어 먹을 수 없는 경우라면, 어떻게 할 것인가? 유가의 경우 당연히 자기 아들을 먹일 것입니다. 그렇다면 그게 타당한 행동일까요? 이때 묵가라면 대단히 곤란한 처지에 놓이게 됩니다. 동시에 살릴 수 없으니까요. 아마 내 아들을 포기할지도 모릅니다. 여러분은 어느 쪽이 타당하다고 생각합니까?

다만 유가의 논리에서 경계해야 할 것은 자기 가족, 자기 가문, 자기 학교, 자기 고장, 자기 국가의 이익에만 빠질 우려가 있다는 점입니다. 다시 말하면 가족이기주의나 집단이기주의가 그것이지요. 묵가의 경우도 자칫하면 자신의 가족을 팽개칠 수 있습니다.

중화와 오랑캐

중화(中華)란 예전에 중국 사람들이 '중국이 세계의 중심'이라고 여기던 사상입니다. 중심의 밖에는 동서남북이 있으니까 동쪽에는 동이(東夷), 서쪽에는 서융(西戎), 남쪽에는 남만(南蠻), 북쪽에는 북적(北狄)의 네 오랑캐가 산다고 보았습니다. 오랑캐를 더 세분화시켜 구이(九夷)까지 부르기도 했습니다. 우리 조상들은 동쪽에 살았으니까 동이에 속했다고 보면 되겠습니다. 물론 이때의 동쪽이란 한반도만 가리키는 것은 아닙니다.

그러니까 중화는 문명이고 오랑캐는 야만인데, 그것의 기준은 문화적인 요소입니다. 문화가 발달하지 못했던 변방 지역을 얕잡아 오랑캐로 불렀던 것이지요.

명나라가 멸망하고 청나라가 들어서면서 오랑캐인 만주족이 중원을 차지하자 조선의 일부 선비들은 이제 중국이 오랑캐 나라로 바뀌었으니 그 문명을 지키는 조선이 중화라고 생각하기도 했습니다. 그런 생각을 소중화(小中華) 의식이라고 합니다.

중화 의식에 사로잡히면 남을 배척하고 남에게서 좀처럼 배우려고 하지 않습니다. 조선말 우리가 개방하지 않고 쇄국으로 치달았던 이유도 바로 지배층의 이런 소중화 의식 때문입니다.

중화 의식을 좋은 관점에서 보면 자기 민족이나 국가에 대한 자존심이라고 생각할 수 있습니다. 물론 자존심은 좋습니다. 반드시 지켜야 합니다. 그러나 나쁜 관점에서 보면 자기제일주의입니다. 자기제일주의에 빠지면 남에게서 배울 점을 찾지 못하게 되고 결국에는 남보다 뒤떨어지게 됩니다.

　우리나라는 광복 이후, 아니 개화기 때부터 중화 의식을 버리고 부지런히 남을 배워왔습니다. 일본을 배우고 미국을 배우고 이제는 세계를 배웁니다. 이제는 너무 많이 배워 탈입니다. 제대로 배웠는지 모르지만 겉으로 볼 때는 그렇습니다. 문제는 그렇다보니 정작 지켜야 할 자존심이나 장점을 못 보게 되었지요.

　필자는 영화를 좋아합니다. 극장에 자주 가지는 못하지만 그래도 한 해 몇 번은 가고, 비록 한물간 영화이지만 텔레비전을 통해 자주 봅니다. 그런데 중국 영화는 별로 좋아하지 않습니다. 한때 좋아했지만 말입니다. 왜냐하면 중국 영화에서는 그 중화 의식이 물씬 묻어나기 때문입니다. 중국 여행을 가보아도 그렇습니다. 중국의 어느 곳을 눈여겨보아도 아직도 중국이 세계 제일이라는 속마음을 발견할 수 있습니다. 제가 볼 때 중국이 그것을 버리지 않는다면 아마도 세계 제일은 되기 힘들 것입니다.

　이 점은 일본의 보수 우익 정치인들에게도 보입니다. 일본이 문명 개화국으로서 이제 아시아를 벗어나 유럽과 동등하게 되어야 한다는 생각은 19세기 말부터 '탈아론(脫亞論)'이라는 형태로 나왔지만, 필자가 볼 때 그것을 버리지 않는다면 여전히 과거의 잘못을 뉘우치지도 않을 것이며 그럼으로써 세계 최고의 선진국이 되지도 못할 것입니다. 이성적으로 타민족이나 국가를 성숙한 동반자로 여기기 못할 테니까요.

그러니까 세계 최고는 자기만 잘났다고 주장하는 데 있지 않습니다. 아이러니하게도 타자를 인정하는 데서 그 기반이 생겨납니다. 개인도 마찬가지입니다. 남을 인정하고 남의 훌륭한 점을 받아들이는 데서 성숙한 인격을 볼 수 있기 때문입니다.

단일 민족

우리는 흔히 단군의 자손으로 단일 민족이라 자랑을 합니다. 정말로 그럴까요? 그렇게 믿는 사람이 있다면 초등학생 이하 정도이겠지요. 적어도 오늘날과 같은 국가다운 간판을 건 민족은, 이 세상 어디에도 몇 천 년 동안 단일 민족의 순수한 혈통을 고스란히 유지해오지는 못했을 것입니다.

그렇다 하더라도 통계적으로 순수한 혈통이 일정하게 유지되는 경우도 있겠지만, 그 단일 민족이라는 것이 사실은 혈통보다는 문화적인 가치에 기반을 두고 있습니다. 가령 중국을 지배하는 민족을 흔히 한족(漢族)이라 부르는데, 아마 중국인들 70~80%가 거기에 속한다고 답하겠지만, 실은 순수한 혈통은 그리 많지 않고 대부분 중국 문화에 동화된 사람들이 스스로 한족이라고 부른다고 합니다.

그런데 한 국가에 하나의 민족으로 구성된 것을 단일 민족 국가라 부릅니다. 우리 민족인 한(韓)민족이 여기에 해당됩니다. 그래서 그런지 우리나라 사람들은 순수성을 매우 좋아합니다. 전통적으로 색도 빨강이나 노랑, 청색, 흰색 등 원색을 좋아했고, 종교도 우리 한국적인 것이 섞인 것보다 그 종교가 발생된 나라의 그것을 더 좋아합니다. 그들을 닮아가려고 노력합니다. 쉽게 말하면 원조를 더 좋아한다 이 말입니다. 예술도 문학도 서양 철학도 그 원산지 나라의 오리지널한 것을 흉내내려고 안간힘을 씁니다. 그래야 폼이 더 나서 그런지 모릅니다. 남이 모르니까 말입니다.

다민족 국가

그런데 어찌 하지요? 큰일 났습니다. 그 잘난 단일 민족 국가가 없어지게 되었으니까요. 단군의 자손, 백의민족 하는 거 다 간판 내려야 합니다. 왜냐고요?

얼마 전 신문 보도에 의하면, 지난해 결혼한 농어촌 남자 열 가운데 넷이 외국인 신부를 맞았다고 합니다. 그리고 최근의 신문에 통계청이 발표한 '2006년 혼인 통계'를 보면, 지난해 농림어업에 종사하는 남자 8596명이 결혼했는데, 이 가운데 41%인 3525명이 외국 여자와 가정을 꾸렸다고 합니다. 외국 여자와 결혼한 농어촌 남자의 비율은 조사가 시작된 2004년에는 27.4%, 2005년에는 35.9% 등 해마다 큰 폭으로 늘고 있다고 합니다.

또 어떤 신문에서는 상업화된 국제 결혼은 이미 되돌리기 어려운 우리 사회의 하나의 현상이 됐고, 이제 우리 사회는 국제 결혼 가정을 우리 사회에 어떻게 잘 뿌리내리게 해 폐쇄적인 순혈 사회에서 다문화 사회로 가는 징검다리가 될 수 있게 할 것인가 하는 과제를 안게 됐다고 보도했습니다.

사실 국제 결혼만 문제가 되는 게 아닙니다. 외국인 이주 노동자들 가운데에는 아예 한국에 살려는 사람도 늘어나고 있습니다. 여기서 태어난 그들의 자녀들은 더 이상 외국인이 아닙니다. 우리 아이들과 똑같은 말을 하고 똑같은 정서를 가지고 있으니까요. 이제 똑같은 학교에서 공부도 시켜주어야 합니다.

머지않은 장래에 서울 시내에 나가면 이곳이 뉴욕인지 서울인지 구별도 안 될 것입니다. 이제 순수 혈통이니 단일 민족이니 따져보았자 남의 비웃음만 사겠지요.

우리 속의 중화 의식

그런데 우리 마음속에 아직도 외국인 노동자나 국제 결혼으로 와 살고 있는 사람들을 차별하는 의식이나 우월감을 갖고 있지는 않습니까? 그들이 이방인이니까 함부로 예의 없이 대하고 있지 않습니까? 우리가 단지 그들보다 물질적으로 좀더 넉넉하고 여유 있으니까 그들을 깔보지는 않습니까?

그들 가운데는 자기 나라에서 배울 만큼 배운 사람들도 많다고 들었습니다. 그들의 외모를 혐오하듯 그들의 문화와 인권마저 아무것도 아니라고 생각하는 사람들은 없습니까? 이유야 어떻든 그렇게 생각하는 사람들이 많다면 우리 역시 문명국이 아니라 야만국에 살고 있다고 할 것입니다.

내가 저들보다 잘났다고 생각하는 것은 아직도 우리 속에 우리 선조들이 지녔던 중화 의식을 떨쳐버리지 못하고 있는 것입니다. 아마도 미국인이나 일본인 그리고 유럽인들 가운데도 우리 같은 유색 인종에 대하여 이런 생각을 가진 사람들이 있겠지만, 우리 역시 그들에게 그런 취급을 당하면서 우리 사회의 소수자인 타자를 그렇게 대한다면, 우리가 욕하는 백인들과 전혀 다르지 않은 이중성을 갖게 되는 것이지요.

신고식

앞에서 텃세에 대해서 약간 언급했습니다만, 여러분은 텃세를 부린 적은 없나요? 저는 교사이니까 언젠가 일종의 텃세를 부렸다고 생각합니다. 가령 어떤 아이가 전학을 왔습니다. 다행히 그 아이가 얌전하고 학급 규칙을 잘 지키면 아이들이나 교사인 저 역시 친하게 대하고 학교에 잘 적응하도록 도와줍니다.

반면에 전학 온 아이가 며칠 되지도 않았는데 학급 분위기를 소란스럽게 만들면서 설치고 돌아다니면 은근히 얄미운 생각이 듭니다. '굴러온 돌이 박힌 돌 뺀다'는 속담을 생각하면서 말입니다. 이럴 때 내 자신을 되돌아보면 나 역시 이런 텃세, 즉 일종의 이방인에 해당되는 전입생에 대한 편견이나 가혹한 기대를 가지고 있지 않았나 생각하고 씁쓸한 웃음이 나옵니다.

아마 이런 것은 사람마다 본능적으로, 때로는 무의식적으로 가지고 있지 않을까 위안해봅니다. 신입생, 전입생, 신참, 신입사원, 신졸, 신병 등 이런 사람들에게 대하는 태도는 거의 어느 사회나 똑같을 것인데, 이들이 당돌하거나 기대에 벗어나면 사람들이 의아하게 생각하지요. 요즘 일부 대학생들도 신입생들에게 신고식을 호되게 한다는데, 이것은 아마도 이런 종류의 텃세가 지나치게 발휘된 경우이겠지요.

사람이 이것을 본능적으로 가졌다고 가정하는 것은 동물의 세계에서 흔히 볼 수 있는 영역 다툼을 보면서 유추해본 결과입니다. 동물들은 소변이나 대변 또는 냄새 등을 풍겨서 자기 영역을 표시하지요. 그리고 다른 동물이 절대로 들어오지 못하게 합니다. 자기에게 그럴 만한 힘이 있으면 말입니다. 사람은 진화 과정을 통해서 그런 외부적 행동이 없어졌지만, 무의식 속에는 그런 요소가 강력히 남아 있고, 그것이 앞에서 말한 신고식과 같은 행위를 통해서 표출된다고 봅니다.

그러니까 이방인이나 타국인을 대하는 태도도 일종의 이런 것과도 연관되어 있을 것입니다. 그러나 사람이 동물과 다른 점은 이성이 있기 때문에 그것을 극복함으로써 더 큰 이익을 만들 수 있습니다. 바로 사람들 사이의 사랑과 화해와 평화가 그것입니다. 이것들은 경쟁보다 훨씬 값진 것인데도 멀리 있는 것처럼 느껴지는 것은 진정 무엇 때문일까요?

집단 따돌림, 왕따

왕따의 공식적 용어는 집단 따돌림입니다. 저는 왕따도 우리 속의 이방인에 대한 일종의 집단 따돌림이라고 생각합니다. 곧 나나 우리와 다른 이질적 요소에 대한 지나친 배타적 감정이 집단적으로 한 대상에게 가해지는 것을 말합니다.

그 이질적 요소란 외모에서부터 시작하여 성격, 옷차림, 말씨,

가정 환경, 심지어 글씨, 학력 등이 그것입니다. 이것들이 모든 면에서 보통 또래 집단과 다르거나 특이할 때 왕따가 발생하는 것입니다. 한 가지 요소가 있어도 그 대상이 되지만, 두세 가지가 겹치면 틀림없이 따돌림을 당합니다. 비단 아이들에게만 있는 것은 아닙니다. 성인 사회에도 버젓이 존재합니다.

사실 앞에서 읽은 동화에서 나그네도 발 고린내와 이방인 주제에 먼저 코를 골며 잠자리에 든 것 때문에 왕따를 당한 것이고, 그리고는 보기 좋게 그에 대한 앙갚음을 한 이야기이지만, 이런 이질적 요소가 집단 따돌림을 불러옵니다.

그래서 청소년들이나 어린이들은 남과 달라지는 것을 매우 두렵게 생각합니다. 나만의 휴대폰, 나만의 무엇이라고 선전하지만, 실상은 똑같이 유행하는 휴대폰이나 옷 또는 신발을 신고 머리 모양을 합니다. 자기들은 개성이라고 우기지만 그것은 어디까지나 유행 가운데 있는 획일화된 개성이고, 유행을 초월한 개성은 좀처럼 찾을 수 없습니다. 아니 그것을 알아도 시도할 생각을 못할 것입니다. 집단 속에서 타자가 되기 싫으니까요.

왜 아이들이 자기가 좋아하고 싫어하는 것이 분명한지 그 이유가 바로 여기에 있습니다. 부모의 취향대로 물건을 절대로 사주어서는 안 됩니다. 자기 마음에 들지 않으면 부모가 보지 않을 때는 절대로 소지하지 않을 것입니다. 부모 취향이 아이의 그것과 맞지 않을 때 말입니다.

그러니까 지각 있는 어른의 입장에서 보면 이들 모두가 붕어빵인 것입니다. 붕어빵 학교를 다니며 붕어빵 교복을 입고 붕어빵을 사먹는 아이들을 상상해보세요. 끔찍하지 않습니까?

공주병과 왕자병

공주병과 왕자병은 특별한 병의 이름이 아니고 스스로 잘난 체하거나 특별한 대접을 받으려고 하는 사람들의 태도를 빗대서 남들이 붙여주는 명칭입니다. 집단 따돌림을 받는 사람들 가운데는 이런 공주병과 왕자병을 소유한 사람들도 있습니다. 물론 집단 따돌림을 받는 사람 모두가 그렇다는 것은 아닙니다. 오해 없기 바랍니다.

대개 공주병과 왕자병을 가진 사람은 그 사람의 의식 속에 '내가 최고'라는 생각을 가지고 있습니다. 그 최고가 되는 대상 가운데 가장 흔한 것이 외모입니다. 이들은 내가 키가 크고 얼굴이 남보다 잘생겼다는 생각을 하고 있습니다. 그 외에 남보다 실력이 뛰어나기 때문에, 남보다 가진 것이 많기 때문에, 남보다 유리한 위치에 있기에 그런 태도를 보이기도 합니다.

'내가 최고'라는 생각을 가지게 된 데는 어렸을 때의 부모나 주위 사람들로부터 받은 영향을 무시할 수 없습니다. 부모가 왕자나 공주처럼 키웠다는 뜻입니다.

다음으로 그런 태도를 갖는 것은 자신의 내면 세계가 빈약하기 때문에 자기 자랑이나 과시를 통해서 그것을 보상하려는 심리 때문인 것입니다. 곧 어렸을 때의 열등감을 성인이 되었을 때의 성공으로 보상하려는 심리나 유행하는 텔레비전 드라마의 주인공처럼 외모나 집을 치장하거나 또 자식을 통해 자신 내면의 허약함을 감추고자 하는 것 따위가 그것입니다.

이런 사람들은 남이 자신들을 알아주지 않으면 못 견딥니다. 능력 있는 사람이라면 신문이나 방송에서 자기에 대해서 자주 떠들어주기를 바랍니다. 그래서 그것을 위해 원인을 제공하기도 합니다. 이런 행동이 물론 현대는 자기 선전 시대라는 말로 용서되기도 하지만, 근본적으로 따져보면 모두가 정신적으로 취약한 내면을 가지고 있고, 내면의 수양이 덜된 행동입니다.

이런 사람들에게 타자는 언제나 자기를 찬양하거나 부러워하는 대상일 뿐입니다. 상대를 인격적으로 만나는 것이 아니라 일종의 찬양자나 노예로 보는 것입니다. 왕자나 공주의 신분이 말해주듯 말입니다. 그러니 이런 시대에 왕자나 공주는 왕따를 당할 수밖에 없지요.

그러나 진정으로 마음이 건강한 사람은 남에게 과시를 통해서가 아니라, 다른 사람과 어울리며 배려하는 가운데 삶의 재미를 느끼는 사람입니다. 이런 사람들에게 상대는 동반자, 동무가되는 것입니다.

그런데 이런 공주병이나 왕자병처럼 '내가 최고다'라는 생각이 집단적으로 나타날 때가 더 큰 문제입니다. 무슨 명문 학교 출신이다, 어느 지역 출신이다, 무슨 시험을 통과한 사람이다 하여 다른 학교나 지역 출신 사람들을 얕잡아보거나 배제하는 것 등이 그것입니다. 그것이 국가나 종교적으로 확대되면 자기들만 신의 선택을 받았다는 선민 의식으로 나갈 수 있고, 자기 나라만 문명국이라는 배타적 민족주의로 나갈 수 있습니다.

아이러니하게도 이런 태도를 고집하면 나중에 별 볼일 없는 사람이나 집단으로 전락하게 됩니다. 자기가 최고라고 생각했기에 남에게서 배울 여유도, 기회도 상실했기 때문입니다. 최고라고 자만에 빠진 순간 몰락의 길로 접어드는 것입니다.

⑦ 생각해볼 문제

[1] 건물 안에 불이 났습니다. 아이들이 그 안에 갇혀 있습니다. 그 속에는 나의 자식도 포함되어 있습니다. 그런데 시간이나 여건은 한 명만 구출할 수 있는 여유밖에 없습니다. 이때 누구를 구출하겠습니까? 내 아이일까요 남의 아이일까요? 맹자와 묵자의 관점을 상기하면서 말해보시오.

[2] '팔이 안으로 굽는다'는 속담에 들어 있는 논리는 맹자 식의 방법적인 차별을 인정하는 것이 될 수 있습니다. 그리고 그 논리는 현실적으로 많이 적용되고 있습니다. 그러나 그것이 우리 사회에서 폐단이 되고 있는 분야가 많습니다. 적절한 예를 들어보시오.

[3] 이제 우리도 외국인들과 함께 살아야 할 다민족 국가로 나아가고 있습니다. 이런 시대에 이들과 잘 어울려 살아야 할 정신이나 원리가 있다면 어떤 것이 있을까요? 우리의 전통에서 찾아 써보시오.

이종란(李鍾蘭)————————————————

서울교육대를 졸업하고 성균관대 대학원에서 철학 박사(한국철학)를 받은 뒤 방송대와 한국체육대·성균관대 강사를 지냈으며, 지금은 서울등현초등학교 교사로 있다. 지은 책으로는 『전래 동화 속의 철학 ①·②·③·④』, 『이야기 속의 논리와 철학』, 『청소년을 위한 철학 논술』, 『최한기가 들려주는 기학 이야기』, 『주희가 들려주는 성리학 이야기』, 『이이가 들려주는 이통기국 이야기』, 『정약용이 들려주는 경학 이야기』, 『박지원이 들려주는 이용후생 이야기』, 『신채호가 들려주는 자강론 이야기』, 『한국철학 스케치』(공저) 등이 있으며, 역서로는 『주희의 철학』(공역), 『왕부지 대학을 논하다』(공역) 등이 있다.

전래 동화 속의 철학 ⑤
지붕에 올라가는 송아지

———————————————————————

초판 1쇄 인쇄 / 2007년 6월 15일
초판 1쇄 발행 / 2007년 6월 20일

■

지은이 / 이 종 란
펴낸이 / 전 춘 호
펴낸곳 / 철학과현실사
서울특별시 서초구 양재동 338의 10호
전화 579—5908~9

■

등록일자 / 1987년 12월 15일(등록번호 : 제1—583호)

■

ISBN 978-89-7775-631-1 03100
*잘못된 책은 바꾸어 드립니다.
———————————————————————

값 8,000원